갓생 사는 엄마들

갓생사는 엄마들

초 판 1쇄 2022년 06월 28일

지은이 염희진
펴낸이 류종렬

펴낸곳 미다스북스
총괄실장 명상완
책임편집 이다경
책임진행 김가영, 신은서, 임종익, 박유진

등록 2001년 3월 21일 제2001-000040호
주소 서울시 마포구 양화로 133 서교타워 711호
전화 02) 322-7802~3
팩스 02) 6007-1845
블로그 http://blog.naver.com/midasbooks
전자주소 midasbooks@hanmail.net
페이스북 https://www.facebook.com/midasbooks425
인스타그램 https://www.instagram/midasbooks

© 염희진, 미다스북스 2022, *Printed in Korea*.

ISBN 979-11-6910-035-9 03190

값 **15,000원**

미다스북스는 다음세대에게 필요한 지혜와 교양을 생각합니다.

매일

다섯 시를

두 번

만나

갓생사는 엄마들

갓생(God-生): 부지런한 삶

염희진 지음

심혜경 / 번역가, 『카페에서 공부하는 할머니』 저자

82년생인 저자와 58년 개띠인 나의 첫 만남은 무려 13년 전으로 거슬러 올라갑니다. 번역가로서 처음 작업한 영미권 소설이 할리우드에서 영화로 만들어진 작품이었는데, 우리나라 개봉 시기를 놓쳐 인터넷으로 관련 정보를 검색하다 기사 작성자인 그녀를 만나게 되었던 겁니다. 그리고 이제 두 아이의 엄마로 매일 다섯 시를 두 번 만나는 갓생맘이 된 그녀를 책으로 다시 만났습니다. '끈기는 의지가 아닌 시스템에서 온다'는 말에 격하게 공감하며 마미 트랙(mommy track)이 마미 트랩(mommy trap)이 아니라 패스트 트랙(fast track)이 될 수 있기를 바라는 마음으로 책을 읽었습니다. 책을 다 읽은 지금은? 그녀의 책에 심각하게 중독돼서 '새벽 기상'의 힘을 빌려서라도 나만의 '빅 와이(big why)'를 발견하고 싶다는 새로운 열망에 설레고 있습니다.

김아연, 『나는 워킹맘입니다』, 『왜 나는 매일 아이에게 미안할까』 저자

첫째가 네 살, 둘째가 두 살일 때 복직을 하며 글을 쓰기 시작했습니다. 매년 한 권, 때론 두 권의 책을 썼습니다. 그렇게 다섯 권의 책을 펴내며 가장 많이 받은 질문이 '어린 아이 둘을 키우며, 일을 하며, 어떻게 책까지 썼느냐'였습니다. 이 책의 저자처럼 새벽 5시 알람 소리에 맞춰 일어난 것이 시작이었습니다. 처음은 글을 쓰기 위한 5시 기상이었지만, 이 경험은 하고 싶은 일을 할 수 있는 힘으로, 살고 싶은 삶을 사는 힘으로 커져갔습니다. 책을 읽으며 그 힘을 느꼈습니다. 엄마들의 새벽 기상은 내 하루를, 내 삶을 내가 원하는 대로 만들어가는 힘입니다. '그게 가능해?' 물으신다면, 이 책의 등장인물들처럼 일단 일어나 보세요. 일어나면 알게 됩니다.

나는 자면서 꿈을 꾸기보다는

새벽에 일어나

꿈을 이루려고 노력한다.

- 김유진, 『나의 하루는 4시 30분에 시작된다』 -

40대가 된 '82년생 김지영'

나는 1982년생이다. 국민학교 시절 우리 반에는 지영, 미영, 민정이라는 이름이 제일 흔했다. 『82년생 김지영』이라는 제목의 소설이 2016년 출간됐을 때 나는 둘째를 낳고 육아 휴직 중이었다. 같은 처지의 엄마들과 온라인에서 글을 주고받으며 '전투 육아'를 하고 있었다. 그리고 이 소설의 존재를 엄마들의 온라인 커뮤니티인 '맘 카페'를 통해 처음 알게 됐다. 문학적 의미를 넘어 여러 사회, 정치적 논란을 거치는 걸 보면서 우리 또래 여성들도 이제 '58년 개띠'나 '386세대'처럼 하나의 세대로 대접받게 되었구나 생각했다.

학업을 비롯한 모든 면에서 성취욕과 자신감이 높아 '알파걸'로 불렸던 우리였다. 또래 여성들이 엄마가 되어 '맘충'이라는 소리를 듣는다는 건 슬픈 일이었다. 주위에도 좋은 대학을 나와 조직에서 유리천장을 뚫을 기세였던 워킹맘들이 엄마가 된 후 정체성의 혼란을 겪는 일이 많았다. 나도 그랬다. 아이를 낳고 복직하니, 승진과는 거리가 먼 부서인 '마미(mommy) 전용 트랙'으로 가보라는 이야기를 들었다. 두 차례 육아휴직을 하면서 내가 아닌 남편이 휴직을 했더라면 하는 억울함이 밀려왔다.

김지영의 힘듦이 이해가 되었다. 얼마나 힘들었으면 다른 사람에 빙의가 되었을까. 당시 결혼과 출산, 육아라는 '3종 세트'를 속성으로 겪고 있던 나는 같은 고민으로 휘청거리던 동갑내기 그녀가 안쓰러웠다. 뭘 해도 억울한 그녀가 겪었던 혼란과 좌절, 도전 등이 내 일처럼 느껴졌다.

소설 속 30대 중반이었던 김지영도 이제 40대 초반이 되었다. 문득 40대의 김지영 이야기가 궁금해진다. 그녀는 어떻게 살고 있을까. 아이는 초등학교에 입학했을 거고, 숙제 챙기느라 집안일 하느라 여전히 바쁘겠지. 재취업한 회사에 계속 다니고 있다면 지금쯤 팀장 직책을 달았을 텐데 이제 조금 행복해졌을까. 아니면 더 힘들어졌을까. 소설 속 주인공의 안부가 궁금했던 건 아마도 너라도 잘 살아주었으면 하는 마음, 버티고 버티어서 나에게 힘이 되어주었으면 하는 마음이 컸던 것 같다. 그것은 나 스스로에게 묻고 싶었던 질문이었다.

"우리 잘 살고 있는 거 맞지?"

40대에 접어드니 30대 힘듦은 여전히 진행 중이었다. 기저귀와 아기 띠에서 해방되어 육체적으로 편해지는 줄 알았더니 착각이었다. 이번에는 몸이 따라 주질 않았다. 정신적으로 별것 아닌 일에 무너질 때가 많았다. 결혼, 출산, 육아라는 인생의 체크리스트를 허겁지겁 채우기 바빴던 30대였다. 그 터널을 지나고 나니 거울 속의 내가 보이기 시작했다. 얼굴에 기미가 두드러져 보였고, 휑한 앞머리를 보곤 이리저리 가르마를 바꿔보았다.

갑자기 눈물이 핑 돌았다. 이제 이렇게 살아야만 하는 걸까. 인생의 절정을 겪어보지 못한 채 내리막길로 가야 하는 것일까. 더 큰 문제는 정말 하고 싶은 것도, 이루고 싶은 꿈들도 생각이 나지 않는다는 것이었다. 방향이 모호했고, 어떠한 성취도 그때뿐이었다. 나름 잘 살아온 것 같은데, 기쁨과 보람 대신 무기력과 피로의 반복이었다.

이렇게 살 수도 저렇게 죽을 수도

최승자 시인의 「삼십 세」라는 시에는 이런 구절이 나온다.

"이렇게 살 수도 없고, 이렇게 죽을 수도 없을 때 서른 살은 온다."

아니다. 결혼과 출산의 시기가 조금씩 늦어지며 이러지도 저러지도 못하는 서른의 시기는 늦어지고 있다. 예전 어른들이 어떤 것에도 흔들리지 않는다는 '불혹(不惑)'이라는 나이는 적어도 내 나이 마흔 살에는 찾아오지 않았다. 어릴 적 마흔 살이 되면 안정적인 가정을 이루고 직장에서도 인정받으며 지혜롭고 여유로운 당당한 커리어 우먼이 될 줄 알았다.

막상 40대에 접어드니 현실은 그렇지 못했다. 여전히 헤매고 헷갈렸다. 뭘 하려고 하면 할수록 어떤 것도 해결되지 않은 이상한 도돌이표의 반복이었다. 그 도돌이표를 여러 번 겪을수록 나는 점점 무기력해졌다. 그리고 가끔은 날 이렇게 만든 가족과 사회, 나 자신에 화가 나기도 했다.

다른 친구들도 마찬가지였다. 누구 하나 자신의 삶에 만족하지 못했다. 중고등학교 땐 좋은 대학에 가려 치열하게 공부했고, 대학 땐 좋은 직업을 얻으려 열심히 살았는데 왜 아직도 우린 진로 고민을 해야 하는 걸까. 좋은 직업을 갖든, 전업주부로 살든, 또래 엄마들은 다들 40대에 진로 고민을 하게 될 줄 몰랐다고 입을 모았다.

돌파구는 없는 것일까. 문제가 뻔히 보이는데 해결책은 막막했다. 아이에게는 엄마의 손길이 필요한 초등학교 저학년 시기가 회사에서 나를 많이 필요로 하는 시기와 절묘하게 겹쳤다. 아이들과 함께 잠이 들면 겨우 일어나 출근하고, 다시 퇴근하면 아이들과 함께 잠드는 쳇바퀴 같은 생활이 계속됐다.

출구가 언제일지 모르는 긴 터널을 지나는 기분이었다. 뒤로 돌아갈 수도 없고 그렇다고 앞으로 전진할 힘도 남아 있지 않았다. 지금 생각해보면 참 답답했던 시기였다. 이대로는 안 될 것 같아 회사를 그만둘 생각도 해봤다. 하교하는 아이들을 데리고 놀이터에서 친구를 사귀게 해주는 게 퇴사 후 나의 '버킷리스트'였다. 무엇보다 칠순인 친정 엄마가 점점 힘에 부쳐 하시는 걸 보면서 회사를 다닐 이유가 없다고 생각했다.

그렇게 퇴사를 마음먹고 퇴직금을 알아보고 퇴사 후 계획을 세웠다. 그런데 웬 걸, 애들 학원비, 각종 세금과 공과금, 대출 이자 청구서가 줄줄이 사탕처럼 머릿속에 그려졌다. 둘째 딸의 커리어를 지켜주기 위해 애쓰는 친정 엄마는 또 얼마나 슬퍼할지. 애들이 손이 덜 갈 때까지 몇 년만 버텨보자, 지금까지 고생한 게 아깝다는 생각에 결국 사표를 다시 집어넣었다.

이러지도 저러지도 못한 채 답답함이 임계점에 이르렀다. 정말 나는 이렇게 살 수도, 저렇게 죽을 수도 없는 걸까. 절박한 나를 이끈 곳은 바로 산이었다. 산에 가고 싶었던 이유는 단 한 가지였다. 소리를 지르고 싶었다. 소리를 질러도 아무렇지 않은 공간은 산밖에 떠오르지 않았다. 다행히 같은 동네에 살던 친한 친구의 제안으로 산에 같이 다닐 수 있게 됐다. 그런데 한 가지 해결해야 할 숙제가 있었다.

"대체 언제 산에 갈 수 있다는 말이지?"

아무리 생각해 봐도 새벽밖에 없었다. 아이들 다 재우고 야간 산행을 할 수도 없었고 주말 점심 이후로 가려면 아이들을 데리고 다녀야 했다. 온전히 나만을 위한 산행을 위해선 아이들이 자고 있는 시간밖에 없었다. 그때부터 매주 토요일 새벽 5시 등산을 다니기 시작했다. 처음엔 어두컴컴한 새벽에 여자 둘이 뭐

하는 건가 싶었다. 산이 익숙하지 않아 조난당하면 어쩌지 하는 두려움도 있었다.

새벽 등산 경험이 쌓일수록 조금씩 변화가 느껴졌다. 몸은 피곤해도 정신은 더 없이 맑아졌다. 나의 새벽 시간이 조금씩 깨어나기 시작했다. 그 후로 매일 오전 4시 반 새벽 기상을 시작하면서 나는 완전히 다른 사람으로 태어났다. 다시 꿈을 꾸기 시작했고 내가 걸어온 길을 천천히 되돌아보며 앞으로 가야 할 일, 해야 할 일을 조금씩 그려보게 됐다.

지금 생각해보면 새벽 기상은 현실이라는 굴레를 벗어나지 않고 내가 할 수 있는 큰 모험이자 도전이었다. 매일 아침 8시 출근해 저녁 8시 퇴근하고, 집에 와선 애들과 함께 잠드는 쳇바퀴 일상에서 '월급통장' 건드리지 않고(퇴사하지 않고) 새로운 꿈을 꿔볼 수 있는 유일한 방법이었다.

초반엔 잃어버렸던 나만의 시간과 공간을 갖게 됐다는 사실이 마냥 좋았다. 50일 정도 지나니 소중한 시간을 무엇을 하며 보낼지 고민이 시작됐다. 요즘엔 새벽을 더 생산적으로 보내려

'무식한 인풋'을 하고 있다. 더 많은 책을 읽고 강의를 들으면서 실전에 조금씩 적용하고 있다. 더 건강하게 만들어줄 운동 루틴들을 시험하고 있다.

　가장 큰 소득은 태어나서 처음으로 나에 대해 제대로 생각해보게 됐다는 점이다. 내가 무엇을 좋아하고, 무엇을 잘하는지, 앞으로 무엇을 하면 행복해질지. 남들의 시선과 기대가 아닌, 오롯이 1인칭 주인공 시점에서 바라보니 진짜로 내가 무엇을 원하는지 조금씩 보이기 시작했다.

　"그래, 17년간 언론사 기자로 살아오면서 참 많은 사람들을 만났지. 그 사람들을 만나 인터뷰하고 그걸 글로 쓰는 게 참 행복했어. 그걸 다시 해보는 거야."

지금과는 다르게 살고 싶어서

　혼자서는 새벽 기상이라는 큰 벽을 넘기 힘들 것 같아 지난해 여름, 온라인 자기계발 커뮤니티에 가입했다. 새벽 기상, 재테크, 독서 등 여러 습관들을 정해 회원들과 함께 하는 온라인 모임이었다. 별 기대 없이 시작했던 모임에서 나는 존 맥스웰이 『사람은 무엇으로 성장하는가』에서 말한 '뜨거운 부지깽이의 원리'를 직접 경험했다. 이 원리는 부지깽이를 뜨겁게 하려면 불가에 두면 된다는 것이다.

새벽에 일어나는 것은 내 의지가 강해야만 된다고 생각했던 편견이 여지없이 무너졌다. 내 의지만큼 중요한 것은 내가 어떤 환경에 둘러싸여 있는가였다. 나보다 더 일찍 더 꾸준히 새벽 기상을 해왔던 사람들과 소통하면서 혼자서 할 때보다 재밌고 쉽게 새벽 기상을 할 수 있었다.

이들과 만나면서 깨달은 또 다른 사실은 새벽에 일어나는 사람 가운데 내 또래 엄마들이 많다는 것이었다. 그들의 이야기가 궁금해지기 시작했다. 그들도 나처럼, 비슷한 절박함으로 새벽에 일어났을까. 조금씩 그들의 이야기를 전해 들으면서 내가 오랫동안 해온 인터뷰라는 형식을 통해 그들의 삶을 소개해보면 어떨까 하는 생각이 들었다. 그래서 『82년생 김지영』의 마지막 장면처럼 펜을 들고 그들의 이야기를 써 내려가기로 했다.

영어 갓(god)과 인생이란 뜻의 생(生)을 합쳐 '갓생산다'는 표현은 언제부턴가 하루하루 꾸준한 과정을 수행하며 성실하게 사는 사람들을 지칭하는 용어가 되었다. '이번 생은 망했다'며 좌절하고 현실을 벗어나려는 이생망은 가고, 그저 묵묵히 오늘 하루에 최선을 다하는 갓생살기가 새롭게 주목받고 있다.

이 책은 현실에 고군분투하며 새벽 시간을 개척한, 엄마의 이야기다. 하루에는 두 번의 다섯 시가 있다. 새벽 5시와 오후 5시. 누군가는 한 번밖에 만나지 못하는 다섯 시를 두 번씩 만나는 엄마들이 있다. 처음부터 그랬던 건 아니었다. 그러나 절박함과 목마름, 열정과 의지가 엄마의 삶을 서서히 바꿔나갔다. 오랫동안 잠자던 새벽이라는 시간의 문을 두드려 새로운 습관들로 채우고, 비로소 엄마만의 시간을 쟁취했다. 눈물겹고 감동적인 갓생살기다.

이 책은 또한 새로운 시간과 습관, 꿈을 설계하는 방법을 알려주는 자기계발서이기도 하다. 나를 비롯한 엄마들이 어떻게 자기 주도적인 엄마만의 시간을 확보하게 됐는지, 그 시간을 어떻게 활용하고 있는지 소소하지만 유용한 팁도 전해줄 것이다. 곤도 마리에, 아리아나 허핑턴, 오프라 윈프리 등 성공한 엄마들이 가지고 있는 공통적인 루틴에 대한 정보도 얻을 수 있다.

아직 새벽 기상이 거대한 벽처럼 느껴지거나, 새벽에 일어나 무엇을 해야 할지 모르겠다면 이 책은 그 벽을 조금 낮춰줄 수 있을 것이다.

1. 몸의 변화

조금 무거운 체중에서

키/체중 : 153cm/50kg   체지방량 : 13.4kg

약간 날씬해지고 단단해졌다!

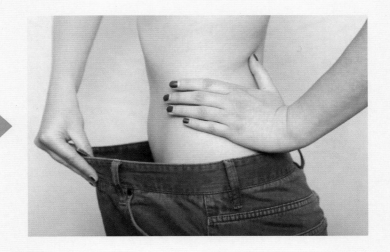

키/체중 : 153cm/46kg   체지방량 : 11.8kg

2. 일상의 변화

여유 없이 건강을 돌보지 못하는 일상에서

기상시간 : 7시 반   수면시간 : 하루 9시간

몸과 마음을 돌보게 되었다!

기상시간 : 4시 반 ~ 5시   수면시간 : 하루 6시간

운동 횟수 : 주 0회

식사 : 아침 거르기

간식 : 식후 라떼나 에이드 섭취

운동 횟수 : 최소 주 3회

식사 : 아침 챙겨먹기

간식 : 새벽에만 스페셜커피 마시기

3. 마음 혹은 마인드의 변화

흔들리고 무르기만 했던 마음이

화날 때 : 바로 화내고 후회

꿋꿋하고 단단해졌다!

화날 때 : 심호흡 먼저

실행력 : 프로 작심러

열정 : 어제와 똑같이 뜬 해를 원망하며 하루를 시작

실행력 : 프로 실행러

열정 : 새벽에 떠오르는 해를 매일 보며 동기 부여

갓생맘은 이렇게 달라졌다!   29

4. 주변 세상의 변화

재미없고 답답했던 세상이

네트워크 : 기존 친분과 인맥으로 안주하며 자극 없는 삶

생기 넘치게 달라졌다!

네트워크 : 새벽에 일어나는 친구로부터 자극 받는 생기 넘치는 삶

삶의 주도권 : 일에 치여 끌려다니는 삶

경제적 : 가족과 직장과 학교 친구들

삶의 주도권 : 하루의 시간을 기록하고 계획하는 주도적인 삶

경제적 : 미래의 부와 건강 인맥을 만들어나갈 새로운 사회적 인적 자산의 형성

목차

3부
갓생사는 엄마들의 성공 루틴

우리의 영원한 희망의 메시지는

새벽이 올 것이라는 사실이다.

- 마틴 루터 킹 주니어 -

1부

이대로 살 수 없어 새벽에 일어났더니

1

갓생맘은 왜
새벽을 선택했을까?

엄마의 도마질 소리

어릴 적 우리 집 새벽은 엄마가 부엌에서 도마질하는 소리로 시작됐다. 엄마는 일찍 출근하는 아빠를 위해 아침을 차렸고 두 딸의 도시락을 쌌다. 그러기 위해선 매일 새벽 5시엔 일어나야 했다. 그 생활은 우리가 초등학교 다닐 때부터 고등학교 졸업할 때까지 계속되었다. 엄마는 그때 일어나던 습관이 몸에 배서 아직도 새벽 5시만 되면 눈이 떠진다고 했다.

1990년대 대한민국 가정의 흔한 풍경이었다. 엄마들은 가족의 아침과 도시락을 챙기기 위해 '강제 새벽 기상'을 했다. 고등학생 수험생을 둔 집이라면 도시락을 두세 개씩 싸는 건 일도 아니었다. 대다수 남편들은 새로 지은 밥을 먹고 출근하는 것이 당연시되던 시절이었다. 모든 건 엄마의 몫이었다.

이런 풍경이 조금씩 바뀐 건 1990년대 후반부터였다. 1997년부터 초등학교(당시 국민학교)에 급식이 전면적으로 도입됐다. 1990년 10%에 불과했던 초등학교 급식 비율이 1998년에는 99%가 넘었다. 한 해 뒤에는 고등학교에도 전면 급식이 이뤄졌다. 맞벌이 가정이 점차 늘어나며 아침을 먹지 않는 가정이 많아졌다. 자연스럽게 엄마의 부담이 덜해졌다.

신문 지면에서 '자기계발'이라는 단어가 자주 보이는 것도 이때쯤이었다. 한 신문에서는 1996년 주부 500명을 대상으로 자기계발에 대한 설문조사를 진행했다. 그 결과 다른 연령대보다 40대 주부가 적극적으로 자기계발을 실행에 옮겼다고 한다. 이들이 말하는 자기계발의 이유는 중년에 찾아올 '빈 둥지 증후군'을 미연에 방지하기 위해서. 눈코 뜰 새 없이 가족의 뒷바라지를 도맡았던 엄마들은 자식들이 둥지를 떠났을 때 상실감을 준비하려 외국어를 배우고 꽃꽂이나 서예 같은 취미를 찾아 나섰다. 이 시기 엄마들의 자기계발은 온전히 나를 찾기 위해서가 아닌, 전부인 줄 알고 살았던 자식들이 떠난 빈자리를 채우기 위한 것이었다.

그 후로 30년이 지났다. 어느덧 나도 도시락을 싸주던 그 시절 엄마의 나이가 되었다. 그때와 달리 나는 초등학생 아들의 도시락을 쌀 일이 거의 없다. 회사 구내식당에서 아침을 먹는 남편을 위해 밥과 반찬을 차릴 필요도 없다. 아이들의 아침은 간단한 샐러드나 시리얼로 대체할 수 있다. 굳이 아침을 해야 한다면 밀키트를 사서 간편하게 차릴 수 있다.

빽빽하게 채워졌던 친정엄마 세대의 새벽 시간과 달리 나의 새벽은 운용의 묘를 부릴 수 있다. 물론 아이들의 책가방 챙겨 옷 입히고 출근 준비하기에도 아침은 충분히 바쁘다. 그러나 온 가족의 식사를 챙기는 게 아침 일과의 큰 비중을 차지했던 친정엄마 세대에 비하면 우리의 새벽은 의지만 있으면 활용하기 나름이다. 그래서 나는 선택했다. 이 새벽이라는 시간을 오직 나만을 위한 시간으로 삼기로 말이다. 우리 엄마 세대가 자식이 독립할 것을 대비해 자기계발을 했다면, 나는 잃어버린 나의 꿈을 찾기 위해 새벽에 일어나기로 했다.

왜 그렇게 힘들게 살아

"혹시 귀신이에요?"

오랜만에 만난 지인이 새벽 4시 반에 기상한다는 나의 근황을 듣고 이렇게 물었다. 농담이긴 했지만 이해할 수 없다는 표정, 굳이 그렇게 살아야 할 이유가 있냐는 뉘앙스였다. 순간 강연가 김미경이 했던 말이 생각났다.

"새벽에 기상하는 사람, 귀신 아니면 스님, 목사 아니고서 웬만해서 할 수 없는 거다."

그렇다. 나 또한 새벽 기상은 다른 세상 이야기라 여겼다. 새벽잠이 유독 없는 사람이 할 수 있거나, 새벽에 업무를 시작해야 하는 불가피한 상황에만 할 거라고 생각했다. 그런 외부적인 이유가 아닌 개인의 의지로 새벽 기상을 하는 사람은 이제까지 주변에서 본 적이 없었다. 그러니 이런 반응도 십분 이해가 된다.

새벽 기상을 한다고 하면 주변의 반응은 크게 세 가지로 나뉜다.

첫째, '대체 무엇을 위해서 그렇게까지 힘들게 살아?'라는 반응이다. 번듯한 직장도 있고 안정적 가정을 꾸리고 있는데 뭐가 부족해서 그러는지, 무엇을 위해서 그러는지, 왜 그러는지 이해 자체를 못 할 때 주로 이런 반응을 보인다.

둘째, '대단해, 그런데 난 그렇게 못하겠어.'라는 반응이다. 첫 번째 반응보다 덜 부정적이다. 새벽에 남들보다 일찍 일어나 자기만의 시간을 갖는 것을 바람직한 일이라고 생각한다. 열심히 응원도 해준다. 하지만 '새벽에 일어나 볼래?'라고 물으면 한 발뒤로 물러선다. 아직은 준비가 되어 있지 않다는 말과 함께 말이다.

셋째, '나도 한번 해볼까'라는 반응이다. 그렇게 일찍 일어나면 졸리지 않는지, 일상생활에 지장은 없는지, 그 시간에 무엇을 하는지, 좋은 점이 뭐가 있는지 세세히 물어본다. 이 시간에 대한 니즈(needs)가 있다는 신호다. 그런 반응을 놓치지 않고 내가 느끼는 새벽 기상의 장점을 성심 성의껏 말해준다. 시간이 걸리긴 해도 이런 부류는 '해볼까'에서 '나도 한번 해볼게'로 바뀌는 경우가 종종 있다.

아직까진 첫 번째와 두 번째 반응이 대부분이었다. 인정한다. 새벽에 일어난다는 것. 4시 반에 졸린 눈을 비비며 명상하고 책 읽고 운동하는 것, 쉽지 않다. 특히 차가운 공기에 늦게 해가 뜨는 겨울에는 포근한 잠자리를 박차고 일어나는 것 자체가 자연의 섭리를 거스르는 것 같다.

나도 아침잠은 절대로 포기할 수 없는 일이라 생각했다. 잠은 스트레스를 풀 수 있는 몇 안 되는 방법이었다. 하루 종일 회사에서 시달리고 집에서 밀린 육아를 하고 쓰러지듯이 잠에 들면 잠자는 시간만큼은 아무도 나를 건드리지 못했다. 늘 잠이 많다고 생각했기 때문에 새벽 기상이 가능할 것이라 생각해보지 못했다. 새벽이 내게 주어진 크고 작은 문제들을 풀어줄 해답이 될 거라고는 상상하지 않았다.

그런 내가 어느 날 새벽에 일어나기 시작했다. 새벽에 함께 일어나는 사람들과 인증을 하고 새벽에 화상회의 애플리케이션인 줌(Zoom)을 통해 운동을 하고 지금도 새벽 기상이 좋다며 이렇게 글을 쓰고 있다. 예전 같으면 작심삼일로 끝났을 결심을 흔들림 없이 하고 있다.

내가 대단한 의지의 소유자라서 가능했을까. 아니다. 그저 눈 뜨면 출근하고, 저녁이 되면 집에 와서 아이들을 돌보다 잠드는, 쳇바퀴 같은 일상에서 벗어날 다른 트랙을 찾은 것뿐이다. 번아웃 된 나를 잠시 다른 트랙으로 옮겨 마음껏 돌볼 수 있는 시간을 찾은 것뿐이다. 이 시간 떼고 저 시간 떼고 보니 유일하게 남은 시간이 새벽이었던 것뿐이다.

아침형 인간 vs 미라클 모닝

최근 불고 있는 '미라클 모닝'의 원조는 2000년대 초반 '아침형 인간'으로 거슬러 올라간다. 일본 의사인 사이쇼 히로시가 2003년 쓴 『인생을 두 배로 사는 아침형 인간』이라는 책이 인기를 끌며 아침형 인간 열풍이 시작됐다. 당시에도 새벽 기상 열풍이 뜨거워 자명종이나, 다이어리, 자기계발서들이 많이 팔렸다.

그 후 20여 년 만에 다시 시작된 미라클 모닝 열풍도 책에서 시작됐다. 할 엘로드의 『미라클 모닝』이 2016년 출간된 후 미국에서 새벽 기상 열풍이 불었고 국내에는 코로나19 이후 뒤늦게 '역주행'하며 입소문을 타고 번졌다. 아침형 인간과 미라클 모닝모두 자기계발을 위해 새벽 시간을 활용한다는 공통점이 있다. 또 새벽에 일어날 만큼 나름의 절박한 목표가 있는 것도 비슷하다. 다만 둘이 지향하는 방향은 조금 다르다. 아침형 인간의 목표가 조직 안에서 승진하고 스펙을 쌓는 외형적 성공을 향해 있다면 미라클 모닝은 자신의 내면적 만족, 내적 성취감을 중요시한다.

최근 불고 있는 새벽 기상 열풍은 '코로나 팬데믹'과 '새로운 나'라는 두 가지 키워드로 들여다볼 수 있다. 일단 코로나 팬데믹 이후 일상은 여러 면에서 달라졌다. 무엇보다 집 안에서 보내는 시간이 많아졌다. 재택근무를 하지 않은 나도 평일 저녁이나 주말에 의무감처럼 잡아온 약속이 사라지며 집에 있는 시간이 늘어났다. 중요한 것은 시간과 함께 생각도 많아졌다는 점이다.

코로나가 휩쓴 2년 넘게 멀쩡했던 일자리가 사라지고, 비대면 환경이 열리면서 새로운 일자리가 생겨났다. 그러면서 주식과 코인 투자 열풍이 불고 부동산 가격 등 자산 가격이 폭등했다. 슬슬 '현실 자각 타임'이 시작되었다. 나의 일자리는 더 이상 안전하지 않고, 그동안 당연시됐던 돈벌이 방식은 다시 정의되고 있다. '정신줄' 붙잡지 않으면 생존 자체가 어려워질지 모른다.

생각보다 많은 물건이 필요하지 않다는 것도 깨닫게 됐다. 공간을 잡아먹는 불필요한 물건보다, 의미 있는 경험이 더 값지다고 믿게 됐다. 『체험 경제학』의 저자 조지프 파인 2세는 "팬데믹

사태 이후 소비자들은 의미 있는 경험, 나 자신을 변화시키는 경험을 추구하는 것을 가장 가치 있는 일로 여기게 됐다"며 "기업 역시 새로운 당신을 위한 변화의 수요에서 큰 부가가치를 얻을 수 있다"고 강조했다.

코로나 팬데믹이라는 불가항력의 상황을 겪어보니 마음대로 할 수 없는 것 또한 많아지기 시작했다. 마음대로 여행을 갈 수 없고, 백신을 맞지 않으면 마트나 식당에도 갈 수 없는 경험을 했다. 아이들은 학교에서 투명 가림막을 사이에 두고 친구들과 대화를 한다. 목표나 계획을 세우는 것 자체가 별 소용없다는 걸 느끼게 되면서 지금, 당장 마음만 먹으면 할 수 있는 작은 성취들의 소중함을 깨닫게 됐다. 남들이 우러러보는 거창한 꿈보다, 작은 성취라도 내가 느끼기에 뿌듯하고 만족스러우면 된 거다.

한 출판사 관계자로부터 코로나19 이후 엄마들의 투고가 이어졌다는 얘기를 들었다. 워킹맘인 엄마들은 자신의 업(業)에 대해 다시 생각해보기 시작했고, 집에 있던 엄마들 또한 창업을 통해 자신의 꿈을 실현하는 일이 많아졌다. 온라인을 통해, 부동산 투자에 뛰어들며 다양한 방식으로 직업을 만들어내는 '창직 열풍'을 엄마 세대들이 주도하고 있다.

적당히 현실에 발맞춰 살면서 성실히 돈을 모으면 노후 걱정은 덜었던 시기는 지나가고 있다. 앞서간 어른 세대의 과실은 더 이상 남아 있지 않다. 어떻게 하면 잘 살 수 있을까. 어떻게 하면 행복해질 수 있을까. 새벽 기상은 엄마 세대들이 절박하게 찾은 하나의 돌파구다. 이불만 박차고 일어나면 명상, 운동, 독서 등 꽤 많은 것들을 성취할 수 있다. 인증이라는 방식을 통해 남들에게 충분히 인정도 받을 수 있다. 그거면 된 거다.

새벽은 생산하는 시간

새벽 기상을 한다고 하면 주변의 반응은 보통 이렇다.

"체질상 새벽보단 밤에 활동하는 게 더 맞는데 굳이 새벽에 일어나야 해?"

"하루를 너무 일찍 시작하면 하루 종일 힘들지 않아? 굳이 그렇게까지 해야 해?"

"새벽이어야만 하는 이유가 있어? 하루 일과를 마친 후 조용하고 차분한 상태에서 할 일을 하는 방법도 있잖아."

다 맞는 이야기다. 각자 삶의 리듬에 맞게 선택하면 된다. 누구도 새벽에 일어나야 한다고 강요하지 않았다. 어떤 방식도 자신이 해보기 나름이다. 다만, 밤보다는 새벽이 자기계발이라는 목적에 더 어울리는 시간이라고 생각한다.

새벽과 밤의 성격은 다르다. 둘 다 깜깜한 어둠이지만 새벽은 하루를 준비하는 시간이고, 밤은 하루를 정리하는 시간이다. 시간이 주는 느낌과 분위기가 다르다. 새벽이 생산의 시간이라면 밤은 소비의 시간이다. 새벽은 무언가를 생산하기에 좋은 시간이다. 새벽엔 동틀 녘 떠오르는 해를 바라보면서 하루를 계획하는 게 어울리는 시간이다. 내가 좋아하는 명상 문구에는 이런 구절이 있다. '새로운 하루, 또 한 번의 기회', 어제 무슨 일이 있었는지는 중요하지 않다. 새벽은 아무것도 그려지지 않은 빈 도화지에 하루를 설계하는 시간이다. 무엇이라도 할 수 있고 될 수 있다는 설렘과 기대로 가득 찬 시간이다.

반면 밤은 하루를 정리하는 시간이다. 하루 일과를 끝내고 밤이 되면 와인이나 맥주를 마시며 넷플릭스 한 편을 보고 싶지, 굳이 영어 공부를 하고 책을 읽고 확언을 쓰고 싶다는 생각은 들지 않는다. 밤에는 TV 보기나 영화 시청, 치맥(치킨과 맥주)을 즐기기 좋다. 밤은 하루를 돌아보며 지친 몸을 이완하고 포근한 소파에 널브러지는 게 더 어울리는 시간이다. 애들을 재우고 나면 책을 읽거나 공부할 수도 있지만 그때는 육아를 퇴근하고 하루 종일 긴장하고 방전된 몸을 충전해야 할 시간이지 책상에 각 잡고 앉아서 계획을 세우고 책 읽고 명상할 시간은 아니다.

새벽은 꾸준히 무언가를 하기에 좋다. 새벽엔 핑계거리가 별로 없다. 피곤하다고, 바쁘다고, 애들이 아프다고, 저녁 약속이 잡혀 있다고, 우리를 유혹하거나 방해하는 수많은 핑곗거리가 이 시간만큼 적용되기 어렵다. 정해진 시간에 일어날 수만 있다

서울 서대문구 안산의 새벽 풍경

면 일어나서부터 애들이 깨기 전까지 나만의 시간을 고정적으
로 확보할 수 있다. 이렇게 확보된 시간 안에서 계획해 놓은 일
을 꾸준히 할 수 있다. 무엇보다 새벽은 어떤 방해 요소 없이 오
롯이 나와 마주하는 시간이다. 잠시 멈추고 거울 속의 나를 들

갓생사는 엄마들

여다볼 수 있는 시간이다. 꿈을 이루기 위해 나와의 약속을 지
키는 시간이다.

그러니 소복이 쌓인 새벽의 먼지를 탈탈 털고 그냥 이 시간을
사용하면 된다.

2

새벽에 일어나면
할 수 있는 것들

내 방식대로 명상

명상이 좋다는 것을 익히 들어 알고 있었지만 실천하기까지 참 오래 걸렸다. 몇 년 전쯤 친구를 따라 온라인 명상 모임에 참석한 적이 있었다.

토요일 새벽마다 줌(Zoom)으로 대여섯 명이 모여 명상을 하는 방식이었다. 일종의 종교 모임 같아 낯설게만 느껴졌다. 명상이란 지극히 개인적인 내면의 수양인데 그것을 남에게 보여주는 것이 익숙하지 않았다. 눈을 감고 있으면 누군가 나를 지켜보고 있는 것 같은 기분이 들어 자꾸 눈을 뜨게 됐다.

남편이 1년 전부터 꾸준히 명상을 해오는 것을 봤지만 큰 자극이 되지 못했다. 마음이 얼마나 어떻게 달라지는지는 개인이 느끼는 것이기에, 해보지 않고서는 그것을 알 도리가 없었다. 새벽 기상을 야심차게 시작하고 나서도 명상을 해볼 엄두가 나지 않았다. 명상은 마음의 운동이라고 하는데, 몸으로 하는 운동조차 제대로 하지 못하는 내가 무슨 명상이냐, 이런 생각도 있었다.

요즘엔 매일 꾸준히 명상을 하고 있다. 특별한 계기가 있었던 것도 아니고, 마음속 큰 결심이 동했던 것도 아니다. 알지 못하는 사이에 조금씩 명상을 시작했고 일상에서 꼭 치러야 할 의식으로 자리 잡았다. 돌이켜 생각해보면, 명상을 해야 하는 거창한 명분과 결심이 없었기 때문에 오히려 부담 없이 할 수 있었던 게 아닌가 싶다.

코끼리 명상 애플리케이션

처음 명상을 해본 건 남편이 정기구독 중이었던 '코끼리'라는 명상 애플리케이션을 통해서였다. 명상가가 이끄는 명상 입문 코스를 검색해 그것부터 해보기 시작했다. 호흡에 집중하는 것부터 명상 도중 자꾸 머릿속을 비집고 들어오는 다른 생각을 인지하고 인정해주는 방법을 조금씩 배워 나갔다. 머릿속의 잡념

을 일부러 떨쳐내는 게 아닌, 그것을 인지하고 괜찮다고 인정해
주니 놀랍게도 저절로 사라졌다(물론 새로운 다른 생각이 비집
고 들어온다). 새로운 경험이었다.

코끼리 정기구독권이 끝난 후 글로벌 명상 앱인 캄(Calm)으

로 갈아타봤다. 여기서도 기본 명상 코스부터 다양한 테마의 명상 콘텐츠를 시도해봤다. 그러던 중 명상에 대한 고정 관념을 깨고 진정한 명상의 힘을 깨닫게 되는 계기가 생겼다.

　매일 새벽 졸음과 싸우면서 명상을 하는 것에 조금씩 지루해질 무렵이었다. 그날도 출근 후 회의에 들어갈 생각에 아침부터 두려움이 피어오르기 시작했다.

　하루를 시작할 때 하는 명상을 찾다가 '자신감 시리즈'라는 테마 명상을 알게 됐다. 새벽 시간이 아닌 출근길에 들어볼까 생각했다. 현관문을 나서면서 15분짜리 명상 앱을 켜고 걷기 시작했다. 명상은 조용한 곳에서 앉은 채로 해야 한다고 생각했는데 그렇지 않았다. 매일 걷는 출근길에도 충분히 집중할 수 있었고 집에서보다 더 잘되는 기분이었다.

　버스정류장에 도착할 때쯤 명상이 끝나자 내 머릿속에 떠 있던 감정의 부유물이 걷히고 새로운 자신감이 단단한 바위처럼 마음에 자리 잡은 기분이었다. 출근을 이렇게 활용할 수도 있구나. 시끄러운 카페에서 공부가 더 잘되는 것처럼 명상도 자신이 집중할 만한 환경이 있다는 생각이 들었다. 그날부터 출근길에 자신감을 불어넣는 이 명상을 매일 반복해 듣고 있다.

1년 가까이 명상을 해보면서 얻은 소득은 내가 가지고 있던 호흡의 쓰임을 발견했다는 것이다. 그저 숨을 쉬기 위해서만 했던 호흡을 다양한 용도에 써 보기 시작했다.

회의에 들어가거나, 중요한 약속을 갖기 전 긴장될 때 명치를 들어올린 채 크게 호흡을 하면 긴장됐던 마음이 차분히 가라앉았다. 아이들에게 화가 나는 일이 생길 때도 호흡을 통해 지금 내가 품고 있는 감정이 무엇인지, 감정의 밑바닥을 차근히 들어보게 됐다.

그렇게 호흡을 하다 보면 마치 진흙탕 같았던 마음이 정리되는 기분이었다. 부옇게 흐려 한 치 앞도 보이지 않던 감정이 더없이 맑아지는 느낌이었다. 호흡은 이렇게 마음이 차분히 가라앉을 수 있도록 도와주는 일상의 도구가 됐다.

첫째, 명상의 기본은 호흡이다. 들숨과 날숨을 의식적으로 조절하고 거기에 모든 신경을 집중한다. 그러면 서서히 여러 잡념들이 사라진다. 물론 호흡을 조절하기까지 내공이 필요하지만 호흡을 통제하는 연습을 통해 머릿속의 다양한 생각들이 정리될 수 있다는 건 새로운 경험이었다.

둘째, 명상은 그리 거창한 게 아니다. 새벽에 하는 명상은 새벽잠을 깨우고 하루를 시작하는 용도만으로 충분하다. 새벽이 아니더라도 자기 전 잠자리에서 해도 되고, 업무 도중 쉬는 시간에 책상에서 할 수 있다. 출퇴근길 걸으면서 할 수 있다. 명상은 마음만 먹으면 언제 어디서든 이뤄질 수 있다. 큰 결심이 필요한 것도 아니어서 자리에 앉아 허리를 곧게 펴고 눈을 감기만 하면 된다.

셋째, 명상의 효과는 그리 드라마틱하게 보이지 않는다. 명상 며칠 해봤다고 화를 덜 내고 스트레스가 사라지면 얼마나 좋을까. 불쑥불쑥 튀어나오는 화는 여전했고 스트레스도 마찬가지였다. 그럴 때마다 화를 내고 있는 내 자신을 인지하고, 이 감정이 어디서 오는 것인지를 생각한 것만으로도 큰 소득이다.

몸이 먼저다

나는 어릴 적부터 건강한 편이 아니었다. 특별히 아픈 곳은 없었지만 편식이 심해 작고 말랐다. 그래도 운동을 좋아해 다부지다는 말을 많이 들었다.

태어나서 처음 수술이라는 것을 해본 것은 아이를 낳을 때였다. 하루 진통 끝에 제왕절개 수술을 한 탓에 1년 가까이 허리를 펼 수 없을 정도로 몸이 망가졌다. 내 인생에서 수술은 다시 없을 거라 다짐했는데 출산 넉 달 만에 무너졌다. 건강 검진에서 발견된 갑상선의 혹이 암이라는 진단을 받았고 드라마 속에서나 봐왔던 암 수술을 해야 했다.

반년 만에 내 몸에는 커다란 흉터 두 개가 생겼다. 체력은 더할 나위 없이 떨어졌고 일상생활이 가능할 만큼 몸이 회복되니 육아휴직이 끝나버렸다. 돌이켜 생각하면 일을 그만두고 충분한 회복 시간을 가지는 게 맞는 일이었다. 그러나 30대 초반 암 수술까지 겪으면서 인생이 바닥을 쳤다고 생각했던 나는 커리어까지 포기할 수는 없었다.

그때부터 나는 육아와 업무 외의 시간엔 잠을 잤다. 움직이는 것을 최대한 줄이고 무조건 잠을 자는 것이 내 몸을 지키는 일이라 생각했다. 일종의 생존 본능이었다. 일을 마치고 집에 와서 애들과 함께 밤 10시쯤 잠들면 다음 날 아침 8시까지 잤다. 주말에는 허리가 아플 때까지 잠을 잤다. 스트레스를 받거나 생각할 일이 많아도 미루고 잠을 잤다. 왜 그렇게 잠에 집착했는지 모르겠지만 본능적으로 그것만이 나를 지키는 일이라 생각했던 것 같다.

네 살 터울로 둘째를 낳고 아이 둘을 키우면서 잠의 절대적인 시간이 부족해지기 시작했다. 둘째를 낳고 복직 후 팀장이 되면서 일의 부담과 책임감도 커졌다. 무엇보다 높은 직급으로 올라가면서 강도 높은 야근이 규칙적으로 이어졌다. 이틀에 한 번 꼴로 아침 9시부터 밤 11시까지 근무를 하고 다음 날 점심쯤 출근했다.

규칙적인 수면 패턴은커녕 절대적인 수면시간이 턱없이 부족했다. 수면 장애가 조금씩 찾아왔고 자정이 되어 집에 오면 쉽게 잠이 들 수 없었다.

그때부터 마시기 시작한 와인과 맥주는 처음엔 한 잔에서 시작해 서서히 한두 병으로 늘어났다. 회사에서도 일에 대한 스트레스를 선후배들과 폭탄주로 풀기 시작했다.

감당할 수 없을 정도로 몸이 무거워졌고 스트레스는 풀리지 않은 채 나날이 쌓여만 갔다. 몸은 내가 통제할 수 없는 상태가 되었다. 오랜 시간 앉아 있다 보니 어깨 통증이 심해졌고 탈모가 진행됐으며 각종 알레르기로 몸 구석구석이 가려웠다.

이렇게 살면 예전처럼 다시 암이 재발된다 해도 이상할 게 없었다. 다시 수술대에 올라가는 건 죽기보다 싫었다. 스스로 몸을 통제하지 못해 얻은 병으로 가족들을 또다시 걱정시키고 싶지 않았다.

산 중턱에서 일출을 볼 수 있는 새벽 등산

새벽 등산

갓생사는 엄마들

처음 새벽 기상을 하며 나는 매일 20분씩 가벼운 달리기를 시작했다. 주말에는 새벽 등산을 했다. 별다른 이유는 없었다. 달리기와 등산 말고는 뭐부터 해야 할지 몰랐기 때문이다. 헬스장이나 필라테스를 다녀볼까 생각했지만 등록 후 한 달 정도 다니다 돈만 날리는 예전의 패턴을 반복하고 싶지 않았다.

무엇보다 내 몸이 움직이는 걸 조금씩 느끼고 싶었다. 새벽 조깅을 쉼 없이 20분 동안 한다는 건 쉬운 일이 아니었다. 기초적인 체력이 부족해 달리기보단 빠르게 걷는 날이 더 많았고 생각보다 가슴 뛸 만큼 재미있지 않았다. 그래서 한 달 만에 그만두었다.

그 후로 시작한 게 10분 운동이었다. 일어나서 맨손으로 꾸준히 할 수 있는 게 뭐가 있을까 생각하다가 플랭크(plank)를 시작했다.

플랭크란 엎드린 상태에서 몸을 어깨부터 발목까지 일직선이되게 하는 코어 운동이다. 아무런 도구 없이 하루 3분 투자하는 건 꾸준히 해볼 자신이 있었다. 플랭크가 조금씩 익숙해지자 팔 굽혀 펴기 10개씩을 더해 봤다. 다 해도 5분이 채 되지 않았다.

그러다 유튜브에 다양한 홈트 동영상이 있다는 걸 알고 부담 없이 따라해볼 영상을 매일 10분씩 반복했다. 점점 체력이 붙기 시작하자 거실 구석에 빨래 걸이로 쓰였던 실내 자전거를 타기 시작했다.

나만의 운동 루틴이 생기니 예전처럼 시간을 내서 운동할 필 요가 사라졌다. 마음먹고 운동을 하는 게 아니어서 운동에 대한 부담도 적어졌다. 서서히 운동을 제대로 해보고 싶다는 욕심이 생겼다. 개별 코칭을 받고 싶다는 생각이 들었는데 새벽에 할 수 있는 곳이 없었다. 그나마 있는 곳도 코로나로 문을 닫는 날 이 많았다. 업무 약속이 많아 점심이나 저녁 시간엔 운동 시간 을 내기 어려웠다.

이대로 포기해야 하나 고민하던 차에 새벽에 줌(Zoom)으로 개별 코칭을 하고 있는 분을 알게 되었다. 그도 나처럼 새벽에 일어나는 분이었다. 회원들이 줌에 모여 트레이너가 전날 찍어 놓은 영상을 보면서 동작을 따라 하면 트레이너는 실시간 회원들의 자세를 코칭해주는 방식이었다.

매주 두 차례 새벽 5시 줌으로 1시간 동안 강도 높은 운동을 하고 다른 날엔 나만의 운동 루틴을 하니 몸이 건강해지는 기분이었다. 동시에 식단 관리도 하고 무의미하게 마셨던 술을 절제하면서 6개월 만에 5kg를 감량했다. 무엇보다 내 몸을 통제할 수 있다는 자신감이 큰 소득이었다.

요즘엔 새벽 기상 초반 하다 말았던 달리기를 병행하고 있다. 언젠가 바디프로필을 찍어보겠다는 목표도 세웠다. 어떤 운동도 꾸준히 해본 적 없는 내가 반년도 안 되어서 몸의 변화를 이끌어냈다. 자신감은 덤으로 얻었다.

새벽 달리기

실내 자전거

갓생사는 엄마들

운동 tip

첫째, 먹는 것부터 통제할 수 있어야 한다. 매일 내가 먹은 것을 인증하고 기록해보는 식단 일지를 작성해보자. 공복 몸무게를 재며 하루를 시작하자. 매달 인바디를 찍으면서 몸의 변화를 기록하자.

둘째, 운동하기로 했다면 무턱대고 헬스 클럽부터 등록하지 말자. 일주일만이라도 맨손으로 쉽고 간단히 할 수 있는 운동부터 해보며 나만의 운동 루틴을 만들자. 초보자라면 시간 내서 운동을 한다는 생각을 버리자. 당장 하나라도 습관을 만들어본 성공 경험이 중요하다.

셋째, 혼자만 하는 운동은 재미가 없다. 함께해야 적당한 긴장감이 생긴다. 자신의 몸과 체형, 체질을 정확하게 분석하고 지도해줄 수 있는 전문가와 함께하면 더 좋을 것이다.

시간이 없다는 핑계로 독서는 늘 뒷전이었다. 명색이 기자였지만 기사나 칼럼을 쓰기 위한 참고용으로만 책을 읽었다. 결혼하고 아이를 낳은 후부턴 책과 더 멀어졌다. 내게 유일한 독서 시간은 자기 전 아이들의 책을 읽어줄 때였다. 아이의 독서 습관을 길러주기 위해 부단히 애를 썼는데 정작 나의 독서 습관은 없었다.

이렇게 시작된 독서 공백은 그 틈이 점점 벌어졌고 언젠가부터 시간이 주어져도 책으로 손이 가진 않았다. 읽고 싶은 책도 없었고 충동적으로 구입한 육아 서적들도 몇 페이지 읽다가 말곤 했다.

새벽 시간을 통해 나만의 시간을 개척하면서 매일 30분씩 책을 읽기 시작했다. 몇 권을 읽겠다고 정해 두지 않았고 그저 눈 뜨면 앉아서 가장 먼저 책을 읽었다. 시간을 정해 둔 이유는 그 시간만큼 한눈팔지 않고 책에 몰입하기 위해서였다. 초반에는 졸거나 다시 잠드는 일도 많았다. 알프레드 아들러 책부터 시작해 가장 많이 팔린 자기계발서를 읽기 시작했다. 대학에서 경영학을 전공했지만 자기계발서를 제대로 읽어본 적이 없었다. 성공과 처세를 얘기하다 보니 서적으로서 가치가 떨어진다고 생각했고 그것이 주는 메시지가 뻔하다고 생각했다. 굳이 안 읽어도 알 것만 같은 오만함이 있었다.

태어나 처음으로 자기계발서를 읽어보니 오랫동안 무뎌진 정신을 바로잡는 데는 더 없이 효과적이었다. 습관과 자기계발의 고전들을 읽으면서 오랫동안 내 안에 웅크리고 있던 무언가가 다시 깨어나는 느낌이 들었다. 『그릿』, 『원씽』, 『시크릿』, 『아주 작은 습관의 힘』, 『회복탄력성』 등을 읽으며 꿈을 이루기 위해 실패하지 않는 방법론을 습득했다.

아들러의 『미움 받을 용기』를 읽으면서 마음이 단단해지는 걸 느꼈다. 『데일 카네기의 인간관계론』을 읽으면서 사람을 대하는 방식의 문제점을 깨달았다.

반년도 되지 않아 스무 권이 넘는 책을 읽었다. 독서는 꽃에게 물을 주는 것만큼 교양이 아닌 생존을 위해 필요한 일이 됐다. 그래서 새벽에 읽는 30분 독서를 과감히 포기하기로 했다. 이제 어디든, 어떤 조건에서도 책을 읽겠다는 자신이 생겼기 때문이다. 대신 새벽에는 더 집중할 수 있는 일을 찾기로했다.

그래서 매일 집을 나설 때 책을 손에 들었다. 사무실에는 모니터 앞에 독서대를 사다 놓았다. 버스에서 단 한 페이지라도 읽고, 사무실에 앉아 업무가 바쁘지 않은 틈틈이 몇 페이지라도 읽었다.

업무의 특성상 근무 시간이 길고, 회의 전 발제 시간과 기사 마감 시간은 빡빡했지만 그 외에는 틈새 시간들이 있었다.

이제까지 인터넷 서핑을 하거나 뉴스를 체크하면서 흘려보냈던 시간이었다. 틈새 시간에 압축적으로 책을 읽기 시작하니 독서의 효율은 물론 하루의 효율이 올라갔다. 퇴근길 단 한 페이지라도 읽고 집에 와서 소파에 책을 놓고 틈틈이 책을 읽었다.

점점 읽는 책이 쌓여가면서 새로운 고민이 시작됐다. 책을 읽긴 했는데 그때뿐이었다. 책을 읽는 동안 머릿속의 돌덩어리가 깨진다는 느낌이 들었는데 책을 덮고 나면 무섭게 휘발됐다. 유효기간이 한 달도 채 되지 않았다.

잠깐이나마 내 생각과 인생이 달라질 거라 생각했는데 다시 지나고 보면 제자리였다. 무엇이 문제일까 곰곰이 생각해보니 책을 눈으로 '읽기만' 했기 때문이었다. 책의 문구들이, 저자의 생각이 눈으로 읽고 머릿속으로 전달이 됐는데 내 몸속으로 체화되지 않았기 때문이었다.

그때부터 책을 읽고 난 후 인상적인 문구와 느낀 점을 블로그에 올리기 시작했다. 손으로 타자를 치며 책의 문구를 올리다 보면 그 책에 대해서 한 번씩 더 곱씹어보게 됐다. 그리고 나서 블로그에 옮긴 인상적인 문구들을 노트에 손으로 써보기 시작했다. 그랬더니 눈으로만 스쳤던 문구들이 머릿속에, 가슴속에 박힌다는 느낌이 들었다.

첫째, 욕심 부리지 말자. 책과의 눈인사로 충분하다. 매일 아침 책과 인사라도 한다는 마음으로 조금씩 독서 시간을 늘려가자. 새벽 독서는 읽다 보면 졸리고 늘어질 수 있어 하루 5분, 10분, 30분씩 시간을 정해 책을 읽는 것이 집중력을 높이는 데 도움이 된다.

둘째, 독서를 일상적인 일로 만들기 위해 회사 사무실 책상에 독서대를 갖다 두자. 업무 중간 쉴 때마다 틈틈이 책을 읽는다. 만약 업무가 바빠 책을 읽지 못했더라도 하루에 최소 두 페이지는 읽을 수 있다.

셋째, 책을 눈으로만 읽는 게 전부가 아니다. 그 책이 내 삶을 바꾸려면 다음과 같은 과정을 반드시 거쳐야 된다. 책을 읽으면서 메모를 하거나 밑줄을 치고 난 후 느낀 점을 직접 써본다. 그리고 인상적인 문구들을 필사하는 '육체적 노동'을 한다. 눈으로 읽고 손으로 써봐야 책 한 권이 비로소 내 삶을 바꿀 수 있다.

쓰면 다 이뤄진다고?

쓰다 보면 이뤄진다는 말을 믿지 않았다. 그런데 책에서는 꿈을 써보면 현실이 된다고 이야기했다. 마치 어린아이처럼 원하는 것이 이뤄진다는 상상을 하면서 써보라고 했다. 써봐서 손해볼 게 없다면 미친 척하고 한번 해보는 것도 괜찮지 않을까.

그러다 정말 쓴 대로 이뤄진다면 더할 나위 없이 좋은 일이었다. 그때부터 굴러다니는 빈 공책에 나의 목표를 확언 형식으로 적기 시작했다. 마치 그것이 이뤄진 것처럼 생각하고 한 문장에 담는 것이다.

처음 내가 적은 확언은 세 가지였다. '5년 안에 100억 순 자산을 만든다', '첫 책의 저자가 된다', '25인치 개미허리를 만든다.' 장기적 목표 하나와 단기적 목표들로 구성됐다. 경제적 자유, 콘텐츠 생산자, 건강이라는 세 가지 큰 목표를 무작정 써보기로 했다.

목표의 시각화는 목표를 효율적으로 달성하게 하는 방법 가운데 하나다. 머릿속으로 목표를 생각만 하는 것보다 어떻게든 시각물로 남기는 것이 목표를 달성하는 데 도움이 된다. 쓰고 보고 소리 내서 읽어본 목표가 달성될 가능성이 높은 건 단순한 이유에서다. 그렇게 할수록 목표에 대해 한 번이라도 더 생각해보기 때문이다.

처음 나는 5년 안에 100억의 순자산을 이룬다는, 이전의 나라면 말도 안 됐을 거라 생각했을 목표를 내세웠다. 누가 봐도 월급쟁이가 5년 안에 이루기 힘든 현실성 없는 공약이었다.

살면서 그 정도 수준의 부를 이룰 거라고 생각해본 적이 없었다. 막연히 경제적 자유를 누리고 돈에 구애받지 않는 삶을 꿈꿨을 뿐이었다.

놀랍게도 꿈을 구체적으로 명시하고 적어 내려가자 이후로 꿈을 대하는 자세가 바뀌었다. 100억이라는 비현실적인 숫자와 함께 그것에 대한 구체적인 데드라인을 정하고 나니 그 숫자를 달성하기 위해 온갖 현실적인 방법을 생각해보게 됐다. 주식을 비롯해 경매, 갭 투자, 지방 투자, 가상 화폐, NFT, 온라인 사업, 교육 사업, 출판 등 주어진 조건 속에서 내가 할 수 있는 것이 없는지 생각해봤다. 거기서 내가 잘할 수 있는 것을 추리고 구체적으로 내가 준비할 수 있는 것, 시도해볼 수 있는 것을 정해진 시간표대로 하나씩 시작했다.

이것은 마치 아이들이 산타클로스에게 받고 싶은 선물을 두 달 전부터 고르고 그것을 받기 위해 자신이 할 수 있는 것을 하는 것과 비슷하다.

나는 우리 아이들이 두 달 전부터 산타클로스에게 받고 싶은 선물을 달라고 간절히 기도하고, 평소라면 잘 하지 않던 엄마의 심부름을 하는 것을 보고 많은 것을 깨달았다. 목표가 정해지면 그것을 얻기 위해 사람은 무엇이든 한다.

책의 저자가 된다는 확언도 마찬가지였다. 처음 '나는 책의 저자가 된다'로 시작됐던 확언은 '2022년 책의 저자가 된다'로 발전했고, 이는 다시 '2022년 6월 『엄마의 새벽』 저자가 된다'로 구체화됐다. 명확한 데드라인을 쓰기 시작하자 배수진을 친 기분이 들었다.

이때부터 태도가 바뀌었다. 6월 책 출간이라는 하나의 목표를 이루기 위해 월별, 주별, 일별로 내가 할 수 있는 계획을 하나씩 세우기 시작했다. 내가 과연 할 수 있을까라고 불확실하게 시작했던 확언 쓰기는 무조건 이때 이룰 수밖에 없다는 확신과 절박함으로 바뀌었다.

100일 넘게 확언을 쓰고 있는 지금, 세 가지 확언들은 다 이뤄지지 않았다. 분명한 건 매일 확언을 쓸 때마다 그것들을 생각해본다는 것이다. 2분 남짓한 시간일지라도 그것이 3개월, 1년, 5년 천천히 쌓인다면 어떻게 될까. 나는 세 가지 확언을 목표한 기간 안에 달성할 수 있을 것이라 확신한다.

목표가 사소한지, 거창한지는 중요하지 않다. 확언에는 세 가지가 담겨야 한다.

첫째, 확언은 구체적이어야 한다. '다이어트를 할 거야'라는 막연한 언어보다, '몇 inch 혹은 몇 kg'처럼 구체적인 목표를 담은 문장으로 작성해보자.

둘째, 분명한 데드라인이 정해져야 한다. 언제까지 구체적인 시간을 설정하지 않으면 행동은 느슨해질 수밖에 없다. 시간 설정은 사람을 현실적으로 만든다.

셋째, 그것이 정말 이뤄진 것처럼 현재형 문장에 확신과 의지를 담아야 한다. 막연한 미래형의 '45kg를 만들 거야' 보다 현재형 문장인 '나는 45kg 날씬한 몸이 된다'가 더 낫다.

매일 새벽 손으로 확언쓰기

3

완벽한 기상을 위한
새벽 루틴

알람, 꼭 필요할까

처음 새벽에 일어났을 때 5시 기상을 목표로 잡았다. 작심삼
일에 그칠 줄 알았는데 3일 정도는 할 만했다. 오랫동안 결심해
왔고, 이대로 살면 안 된다는 의지가 강했던 덕분이다. 나흘째
부터 졸음이 쏟아지고 몸이 피곤했지만 그 고비를 넘기니 어느
정도 몸이 적응되는 느낌이었다.

태어나 처음으로 한 달쯤 새벽 5시 기상에 성공하니 조금 더

여유 있는 아침을 위해 기상 시간을 20분 정도 당겼다. 그렇게 1년 가까이 일어나다 보니 체중처럼 잠자는 시간도 '세트포인트', 즉 기준점이 당겨진 것 같았다.

가끔 피곤한 날이면 5시 언저리에 일어나긴 하지만 대개 4시 반쯤 되면 눈이 떠진다. 예전처럼 몸이 피곤해도 아침 7, 8시까지 늦잠을 자는 일은 거의 없다. 한 번 기상 시간을 당기고 그것을 적어도 3개월 지속하니 이제는 웬만해선 몸에 새겨진 시계가 5시를 넘기지 않는다.

처음에는 휴대전화 알람을 맞추고 머리맡에 두고 잤다. 그러다 숙면에 방해가 되는 것 같아 알람이 설정된 휴대전화를 거실에 두고 잤다. 거실에 울려 퍼지는 알람 소리를 멈추려면 어쩔 수 없이 몸을 일으켜야 했다. 어느 날 알람 설정을 깜박한 채 잠이 들었다. 못 일어날 줄 알았는데 기우였다. 휴대전화 알람 없이도 스스로 깨는 일이 한두 번 생기니 자신감이 생겼다.

미국 온라인 매체 〈허핑턴 포스트〉의 설립자인 아리아나 허핑턴은 새벽에 일어나는 워킹맘이다. 평소 알람이 설정된 스마

트폰을 들고 침실로 들어가지 않는 것을 철칙으로 삼는다고 한다. 그는 알람 없이 새벽에 일어나야 한다고 주장한다. '알람 (alarm)'이라는 단어에는 불안이나 공포, 사람을 놀라게 만드는 것, 또는 그런 상황을 알려주는 경보나 경고 신호라는 뜻을 가지고 있다.

허핑턴에 따르면 알람이 울린다는 것은 지금 무언가가 제대로 작동되지 않는다는 뜻이다. 그런데 하루를 시끄러운 알람 소리로 시작한다? 알게 모르게 우리의 몸에 긴장과 불안을 유발하는 스트레스를 줄 수 있다는 게 그의 주장이다.

허핑턴의 주장처럼 알람 없이 일어날 수 있다면 그것이 가장 이상적이다. 그러나 스스로의 의지로 5시 전에 눈이 떠지는 사람이 과연 얼마나 될까. 알람이 울려도 깨어날 의지가 없으면 알람을 끄고 다시 방으로 들어가는 것은 시간문제다. 결국 알람이 새벽 기상의 필수 요소는 아닌 것이다. 나의 경우 여러 번의 시행착오를 통해 알람시계를 사용하지 않고도 정해진 시간에 일어나는 방법을 찾아냈다.

인증샷과 이불 킥

처음 새벽 기상 후 지금까지, 일어날까 말까 고민하는 나의 정신을 번쩍이게 만드는 것은 알람시계가 아닌 인증샷이다. 나는 분위기 좋은 카페나 여행지에 가서 사진부터 찍는 것을 이해하지 못하는 사람이었다. 여행지에서도 명소를 배경으로 찍는, 뒤통수만 즐거운 사진은 최대한 지양하는 편이었다. 그런 내가 매일 새벽에 일어나 가장 먼저 하는 일이 '타임스탬프'라는 애플리케이션을 열고 건너편 오래된 주택들이 옹기종기 모여 있는 서울 서대문구 충현동 풍경을 찍는 것이다. 그리고 인증샷을 블로그에 올리고 있다. 매일 비슷한 시각, 같은 배경의 사진을 말이다.

처음에는 출석 체크하듯이 기록을 인증하는 게 스스로에게 납득되지 않았다. 누군가에게 보여주기식이라는 생각이 들어서다. 지금은 다르다. 매일 같은 시간, 같은 배경으로 찍는 인증샷. 꾸준히 뭔가를 하고 있다는 시각적 기록은 분명히 알람보다 효과적인 도구가 될 수 있다.

새벽 기상의 순간을 기록하고 그것을 타인에게 공표함으로써 새벽 기상의 의미를 더 특별하게 만들 수 있다. 내 기록을 다른 사람에게 드러내는 것만큼 강한 동기 부여는 없다. 꾸준한 기록을 보여주며 다른 사람들에게 긍정적인 영향을 줄 수 있다면 그것만으로 의미가 있다.

하루의 첫 단추를 잘 꿰기 위해선 인증샷도 심혈을 기울여 찍게 된다. 처음에는 남산타워를 배경으로 찍다가, 지금은 느낌 있는 동네를 배경으로 찍기도 하고, 초점을 약간 빗나가게도 찍어봤다. 다른 사람들은 수도꼭지를 틀고 있는 자신의 손을, 아무것도 없는 컴컴한 벽을, 달리기 하고 있는 자신의 발을 찍기도 한다.

다음 날 긴박하거나 중요한 일을 만들어놓고 자는 것도 눈을 번쩍 뜨게 하는 데 효과적이다. 이른바 '소풍 효과'를 노려보는 것이다. 소풍 가기 전 날, '몇 시에 일어나 준비해야지.' 생각하고 잠이 들면 다음 날 정확히 그 시각에 눈이 떠지는 경험을 한 번쯤 해봤을 것이다.

새벽 기상 인증 사진들

한때 매주 화, 목 5시 줌(Zoom)으로 홈트레이닝을 하는 수업을 들은 적이 있다. 강제 기상을 위해 고정적인 일정을 무리해서 잡았다. 이 수업에 참여하기 위해선 늦어도 4시 40분엔 일어나야 하기 때문이다. 운동을 하지 않으면 하루 종일 몸과 마음이 찌뿌둥할 것을 알기 때문에 눈이 저절로 떠졌다. 그 후로 운동이 없는 날에도 데드라인이 정해진 중요한 일을 일부러 새벽에 배치하기 시작했다. 일어날 수밖에 없는 환경을 만드는 것만큼 눈을 번쩍 떠지게 하는 건 없다.

어떤 방법을 써도 일어나는 게 여전히 힘들다면? 이해한다. 깜깜한 새벽에 이불을 박차고 일어나는 건 보통 어려운 게 아니다. 그럴 땐 최후의 수단으로 '이불 킥'을 해보자. 눈이 떠지면 자동으로 오른쪽 발을 높이 차는 것이다. 이불 킥 한 오른발에 상체가 저절로 따라 올라가면서 생각보다 쉽게 기립하게 된다. 여기서 중요한 것은 지금이 몇 시인지, 일어나서 무엇을 할 건지 등 어떤 생각도 하지 않는 것. 마치 파블로프의 개처럼 몸에 새겨진 반사 작용을 그저 따르는 것이다. 이 방법은 눈은 떠졌지만 일어날까 말까 고민될 때 유용했다.

알람이든, 인증샷이든, 이불 킥이든 몸을 일으켰다면 새벽 기상의 99%는 성공한 것이나 마찬가지다. 다만 우리에게는 다시 따뜻한 이불 속으로 들어갈 수 있는 1%의 가능성이 남아 있다. 일말의 가능성조차 없애려면 잠을 확실하게 깨워야 한다. 꺼진 불도 다시 보듯이 말이다.

입을 개운하게 만드는 양치질이나 잠들면서 쌓인 입안의 독소를 몸 밖으로 배출하는 오일 풀링은 잠을 깨는 좋은 방법이다. 오일 풀링이란 공복 상태에서 코코넛 오일 또는 올리브 오일 한 스푼을 입에 머금은 채 15분 정도 오물오물 한 후 뱉어 내는 것이다. 이로써 밤새 입안에 쌓여 있던 노폐물, 독소, 치석 등이 제거될 수 있다.

일어나자 마시는 물 한잔도, 잠을 깨우는 데 도움이 된다. 특히 공복에 마시는 물 한잔은 건강에 좋다. 잠들 때 빠진 수분을 보충해주고 장을 활성화하는 데 큰 도움이 된다. 중요한 건 물의 온도다. 찬물을 마시는 건 잠을 확 깨는 데는 도움이 될지 몰라도 건강에는 좋지 않다. 잠들면서 낮아진 체온을 더 낮출 수 있기 때문이다. 미지근하거나 따듯한 물 한잔을 마시는 것을 추천한다. 나는 매일 아침 물 한잔과 유산균을 함께 먹고 있다.

그 다음은 잠 깨기 루틴의 백미라고 할 수 있는 커피 내리기다.

"블루보틀 카페의 창업자인 제임스 프리먼은 새벽 6시 기상 후 가장 먼저 하는 일이 1970년 후반에 나온 에스프레소 기계를 작동해 가장 좋아하는 커피를 내리는 것이다. 자신이 원하는 대로 커피를 마실 수 있도록 그는 출장지에도 커피 세트를 가지고 다니는 걸로 유명하다."
　－ 벤자민 스폴, 마이클 잰더, 『성공한 사람들의 기상 후 1시간』

나에게 커피 내리기는 오감(五感)을 모두 깨워준다는 점에서 새벽을 깨우는 가장 확실한 방법이다. 무엇보다 집 안 전체를 커피 향기로 물들이며 5분도 안 되는 시간 안에 인생을 풍요롭게 만드는 손쉬운 방법이기도 하다. 다만 공복에 마시는 것은 금물이며 위장이 안 좋은 사람에게는 추천하지 않는다.

우선 로스팅된 커피 원두와 함께 커피를 가는 그라인더, 드리퍼와 드립포트, 커피 여과지 등 기본적인 도구가 필요하다. 자리에 앉아 그라인더로 커피를 가는 것은 생각보다 손목에 힘이 많이 든다. 그라인더를 잡고 돌리다 보면 촉각이 깨어나고, 커피가 갈리는 소리에 청각이 잠에서 깨기 시작한다.

곱게 갈린 커피를 드리퍼에 넣고 뜨거운 물을 붓는 순간, 커피 향이 순식간에 퍼지며 후각을 자극한다. 마치 화분에 물을 주듯이 드립포트로 물줄기를 길게 늘어뜨려 커피가루 위에 뿌리면 커피가 부풀어 오른다. 이 과정을 커피에 '뜸을 들인다'고 표현한다. 마치 활화산처럼 원두 가루가 부풀어 올랐다가 꺼지는 장면은 시각에 신선한 자극을 준다. 그리고 40년 가까이 된 앤티크 잔에 커피를 담아 마신다. 커피가 혀끝에 닿았을 때 미각은 축제를 벌이듯이 춤을 춘다. 특유의 산미와 쓴맛, 단맛이 어우러진 커피 한 모금이 목으로 넘어갔을 때 정신이 번뜩이면서 진짜로 하루가 시작되는 기분이다.

40년 넘은 앤티크 잔과 함께하는 새벽 커피

집에서 커피를 내리기 위한 도구들

갓생사는 엄마들

하루 5분 몸 깨우기 루틴

새벽에 일어나 다양한 운동을 시도해봤다. 유튜브의 다양한 홈트레이닝 영상을 보며 혼자 하기도 했고, 매주 두 번 줌(Zoom)으로 트레이너와 함께 근력 운동도 해봤다. 이렇게 오랫동안 꾸준히 운동을 한 것은 태어나 처음이었다. 그 결과 나는 한 가지 사실을 깨달았다. 몸은 누구보다 정직하다는 사실이다. 하루라도 몸을 풀어주지 않으면 그 누구보다 빨리 알아차리는 게 몸이다. 피곤하다는 핑계로 운동을 며칠 쉬면 몸은 금세 예전처럼 굳어지고 뻣뻣해진다. 어쩌다 한 번씩 무리하는 운동보다 매일 조금이라도 꾸준히 몸을 풀어주는 게 건강을 유지하는 최선의 방법이다.

다양한 운동을 하다 보니 내 몸에 맞는 동작들이 추려졌다. 그리 오랜 시간을 들이지 않고 하루 5분만 투자하면 뻣뻣했던 몸이 부드러워질 수 있다. 중요한 것은 매일 꾸준히 하는 것이다.

 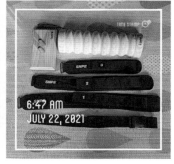

새벽에 하는 근력 운동을 위한 도구들

첫 번째 동작은 가슴 스트레칭이다. 나처럼 하루 종일 사무실에 앉아 거북목이 된 직장인들에게 특히 유용한 동작이다. 긴 원기둥 모양의 스트레칭 도구인 폼롤러만 있으면 된다. 바닥에 폼롤러를 가슴 아래 둔 채 눕는다. 그리고 양손을 깍지를 낀 채 머리 뒤에 놓는다. 무릎을 90도 정도 굽혀 엉덩이와 발바닥을 바닥에 둔다. 중요한 것은 몸에 힘을 쫙 뺀 채 중력에 몸을 맡기는 것이다. 이렇게 2~3분만 투자하면 잔뜩 굳어 있는 목과 등 뒤가 시원해진다.

두 번째 동작은 팔 굽혀 펴기. 욕심 부리지 말고 하루 10개만 하자. 양팔을 어깨 너비보다 2배 정도 넓게 바닥에 두고 팔을 굽힌다. 아직 팔에 힘이 없다면 무릎을 바닥에 두고 해도 충분히 운동 효과가 있다. 이때 등 근육이 접힌다는 느낌을 가지고 팔을 굽혀 내려가는 게 중요하다. 이 동작은 팔 근육뿐만 아니라 가슴 근육과 등 근육을 발달시키는 데 효과적인 자세다. 여성들의 경우 민소매를 입을 때 거슬리는 부유방을 없애는 데도 좋다.

마지막으로 세 번째 동작은 플랭크다. 주먹을 쥔 양팔을 굽혀 바닥에 둔 채 몸을 엎드린다. 몸 전체를 일직선으로 유지한다. 명치를 들고 고개는 바닥보다 살짝 위를 응시한다. 그리고 그 상태로 버틴다. 코어 근육을 단단하게 해주는 자세로 하루 3분만 투자해도 된다. 오랜만에 만난 지인이 몰라보게 살이 빠진 모습으로 나타나 비결을 물었더니 플랭크만 했다고 답했다. 한 달만 하루 3분씩 플랭크를 하면 뱃살이 빠진다고 해서 그대로 따라 해봤다. 복부에 힘이 생기고 뱃살이 조금씩 줄어들고 단단해지는 걸 느낄 수 있었다. 만약 단 5분도 투자하기 바쁘다면 하루 1분만이라도 플랭크를 하자. 코어 근육을 발달시키는 데 이만큼 가성비 좋은 자세는 없다.

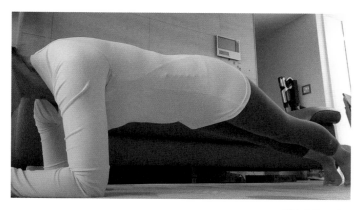

새벽 운동 플랭크

완벽한 새벽 기상 tip

첫째, 새벽 기상을 위해 알람시계가 반드시 필요한 건 아니다. 새벽을 너무 갑자기 깨워버리는 알람 소리보다, 스스로 몸에 새겨진 반사작용으로 일어날 수 있게 습관을 잘 구축하는 것이 새벽 기상의 목표가 되어야 한다. 새벽에 꼭 해야만 하는 일을 미리 생각해두고 잠이 들면 좀 더 쉽게 눈이 떠질 것이다.

둘째, 알람시계 대신 몸과 정신을 깨울 수 있는 자신만의 루틴을 정해보자. 물 한잔 마시기, 양치하기, 오일풀링, 커피 내리기 등이 좋은 예가 될 수 있다.

셋째, 일정한 시간에 특정 배경으로 인증샷을 찍는 걸 첫 루틴으로 만들어보자. 새벽 기상도 잘되고 기록으로 남을 수 있다. 기록의 힘은 생각보다 강하다.

4

절대 실패하지 않는
새벽 네트워킹

새벽 러닝메이트의 힘

나는 '프로다짐러'였다. 일찍 일어나겠다고 굳게 다짐하고 잠들지만 눈을 뜨면 8시가 넘었다. 조금 일찍 눈이 떠지는 날에는 몸이 침대에서 일어나질 못했다. 매번 그랬다.

출근 시간에 임박해서야 허겁지겁 준비를 하고 집을 나섰다. 다른 일도 마찬가지였다. 영어 공부해야지, 운동해야지, 책 읽어야지, 굳센 다짐으로 시작했던 일들은 매번 흐지부지로 끝났다. 몇 년째 이런 패턴이 계속 반복되고 있었다.

남편이 출근 전 금붕어의 모이를 주기 위해 조금씩 기상 시간을 앞당기는 걸 지켜봤다. 하지만 내가 일어나야겠다는 결심으로 이어지진 않았다. 자신이 없었기 때문이었다. 호기롭게 새벽에 일어나겠다고 다짐한 후 일주일 정도 하다가 흐지부지될 게 뻔했다.

이전엔 실패하면 다시 하면 된다고 스스로를 위로했다. 40대에 접어드니 그렇지 않았다. 계속된 실패가 자신감을 갉아먹기 시작했다. 나는 '왜 또 이럴까, 내 그릇은 이 정도밖에 안 될까'라며 자책했다. 어느 순간부터 이럴 바에는 다짐 자체를 하지 않는 게 더 낫겠다는 생각이 들었다.

절박한 마음으로 친구와 산을 찾으면서 새벽이라는 시간을 발견했다. 처음부터 '새벽에 일어나 산에 가야지.'라고 결심한 건 아니었다. 아이들을 두고 산에 올 수 있는 방법이 새벽밖에 없어서였다. 별다른 기대 없이 시작한 새벽 등산은 반년 넘게 이어졌다.

지금도 가끔 친구와 토요일 새벽 5시 등산이 어떻게 가능했는지 얘기할 때가 있다. 돌이켜보면 거창한 결심이나 별다른 기대가 없었고, 새벽 산이 주는 에너지가 새벽잠을 이길 만큼 좋았기 때문이었다. 무엇보다 매번 같이 산에 갈 수 있는 친구가 있었기에 가능했다.

그러던 중 온라인으로 자기계발을 하는 커뮤니티가 있다는 이야기를 듣고 가입을 고민했다. 처음 드는 생각은 '해볼까'가 아닌 '하다가 실패하면 어떡하지'였다. 그러다 서서히 도전 정신이 움트기 시작했다. 새벽 등산을 통해 러닝메이트의 힘을 직접 경험하면서 시스템의 위력을 조금이나마 알게 됐던 터였다. 시스템을 통해 할 수밖에 없는 상황을 만들면 혼자 하는 것보다 낫지 않을까란 자신감이 생기기 시작했다. 매번 혼자 도전하고 포기하는 것보다 누군가와 함께 해보는 것도 괜찮겠다는 생각이 들었다. 나보다 먼저 새벽 기상을 해온 남편에게 같이 해보자고 했다. 남편은 내심 내가 일찍 일어나기를 바랐기에 흔쾌히 수락했다.

"굿모닝!"

"좋은 아침입니다."

새벽 4시쯤부터 시작되는 단체 채팅방의 아침 인사가 처음에
는 낯설게만 느껴졌다. 얼굴도 모르는 사람들과 해 뜨기 전에
채팅을 주고받는 것 자체가 신선했다. 새벽 기상을 인증할 때마
다 서로 응원의 말을 주고받는 것 또한 자극이 되었다. 그동안
새벽 기상이 나 혼자만의 싸움이었다면, 함께하는 새벽 기상은
묘한 연대의식을 느끼게 해줬다.

마치 출산 후 2주 동안 산후조리원에서 엄마들과 함께하던
기분이랑 비슷했다. 이름도 출신도 몰랐던 엄마들끼리 이제 막
엄마가 됐다는 이유만으로 서로 힘이 되고 의지가 됐던 기억 말
이다.

리더십 전문가인 존 맥스웰은 책 『사람은 무엇으로 성장하는

가』에서 '뜨거운 부지깽이의 원리'를 이야기했다. 이 원리는 단순하고 분명하다. 부지깽이를 뜨겁게 하려면 불가에 두면 된다는 것이다. 주변 환경이 차가우면 사람도 차가워지고, 주변 환경이 뜨거우면 사람도 뜨거워진다. 성장을 하고 싶으면 훌륭한 사람과 어울리고, 훌륭한 사람이 있는 곳으로 가면 된다. 나를 설명하려면 내 주위의 가장 친한 다섯 명의 평균을 내면 된다는 원리와 비슷하다.

처음 이런 시스템 안으로 들어갔을 때 이렇게 많은 사람이 새벽에 일어나고 있다는 자체가 큰 충격이었다. 조금 더 이런 공간을 일찍 알게 되었더라면 하는 후회도 들었다. 나보다 먼저 일찍 일어난 사람들이 새벽 기상을 통해 자신을 변화시켜 꽤 많은 성취를 이뤄내는 걸 보았다. 부자들이 성공하려면 새벽에 일어나야 한다는 이야기는 책을 통해 숱하게 읽었지만 그것을 내 눈앞에서 직접 보는 것은 또 다른 자극이 되었다. 이렇게 나를 새로운 성장 환경에 놓아두니 새벽에 꾸준히 일어나면 이들처럼 달라질 수 있겠다는 확신이 들었다.

네트워킹의 힘은 슬럼프에 빠졌을 때도 어김없이 통했다. 새벽에 일어난 지 1년 정도 됐을 무렵, 바쁘다는 핑계로 책에서 손을 놓는 시간이 많아졌다.

조금씩 예전으로 돌아가려는 습성이 고개를 들었다. 다시 눕고 싶고, 몸을 움직이는 게 귀찮기 시작했다. 몸이 쉽게 피곤해지고 의욕이 사라지고 부정적인 생각이 머릿속을 비집고 들어오려 했다.

그때 새벽 모임에서 알게 된 지인이 줌(Zoom)의 링크를 보내주었다. 매일 새벽 5시부터 2시간동안 열리는 일종의 '온라인 독서실'이었다.

특별한 건 없었다. 그저 시간이 되는 사람들이 줌에 접속해 각자의 일을 하는 것이었다. 카메라가 키보드를 촬영하도록 고정해 놓은 상태에서 나는 새벽에 일어나 계획했던 일들을 하면 됐다.

누군가 나를 지켜보고 있다는 긴장감과 함께 내가 누군가와 연결되어 있다는 안도감이 들었다. 그들과 같이 새벽을 살고 있다는 느낌에 다시 제대로 새벽 시간을 보내 봐야겠다는 생각이 들었다.

혼자 책상에 앉아 공부하는 것보다 독서실이나 카페에서 집중이 잘되는 사람이 있다. 나는 후자에 속했다. 수험생 때도 친구와 함께 독서실 정기권을 끊어 함께 공부해야 집중이 됐다. 그저 친구와 이 수험 기간을 같은 시공간에서 보내고 있다는 것만으로도 큰 의지가 됐다.

새벽 시간도 남편을 비롯한 다른 사람과 함께하니 생각지 못했던 에너지가 생겼다. 줌의 온라인 독서실 시스템을 통해 새벽 시간의 몰입도가 다시 올라갔다. 끈기는 의지가 아닌 시스템에서 온다는 말을 실감했던 순간이었다.

세상은 6시를 두 번 만나는 사람이 지배한다.

하루에는 두 번의 6시가 있다.

아침 6시와 저녁 6시다.

해가 오를 때 일어나지 않는 사람은

하루가 해 아래 지배에 들어갈 때의 장엄한 기운을

결코 배울 수 없다.

- 김승호, 『생각의 비밀』 -

5
- - -

새벽 시간
허투루 쓰지 말자

구체적인 목적지를 정해라

새벽에 일찍 일어난다고 하면 주위 사람은 다음 세 가지를 가장 많이 물어본다.

"몇 시에 일어나?"

"일어나서 뭐 해?"

"피곤하지 않아?"

기상 시각을 당기고, 몸이 어느 정도 적응하자 새로운 고민이 시작됐다. 한 번도 제대로 일어나 본 적 없는 이 시간을 어떻게 보낼 것인가. 처음 한 달은 10분 정도 동네를 한 바퀴 뛰고 오거나 30분 정도 책을 읽었다. 씻고 업무를 위해 뉴스를 읽다 보면 출근 시간이 다가왔다.

첫 100일에 성공하자 서서히 욕심이 생겼다. 힘들게 개척한 시간을 헛되이 쓰고 싶지 않았다. 인증샷 찍기, 몸무게 재기, 확언 쓰기, 등산, 플랭크, 팔 굽혀 펴기, 달리기, 실내 자전거 타기, 커피 내리기, 독서, 블로그 포스팅, 글쓰기, 명상, 영어 공부, 신문 보기, 영화 보기 등 해볼 수 있는 건 다 해봤다. 실천했던 것을 하나씩 꼽아보면서 성취감과 자신감을 얻었다.

- 4시 반 인증샷과 확언 쓰기
- 5시 반 독서
- 6시 자전거 타기
- 6시 반 아침 먹기
- 7시 신문 보기

한편으로는 시간대별로 빡빡하게 계획을 세우다 보니 고3 수험생이 된 것 마냥 바빴다. 새벽 시간 3시간을 꽉 채웠는데 무엇을 했는지 생각이 나질 않았다. 어떤 날은 체크 리스트를 다 채워 뿌듯했는데, 조금이라도 늦게 일어나 어영부영 보낸 날은 영 찜찜했다. 잠시라도 노를 젓지 않으면 불안한 기분이었다.

새벽 기상의 방향이 없었기 때문이었다. 망망대해에서 눈을 감고 부지런히 노를 저은 것이나 마찬가지였다. 새벽 기상을 왜 해야 하고 어디로 가려고 하는지 방향 설정이 필요했다. 시간 확보를 넘어서 이 시간의 목적을 정해야 했다. 잡다한 욕심을 비워내고 집중할 한 가지를 찾아야 했다. 그 즈음 책에서 읽었던 한 구절이 생각났다.

"자신만의 '빅 와이(big why)'를 발견하라. 무엇이 자신을 움직이는지 자문하며 자신만의 목적의식을 찾아라. 아침에 잠에서 깨고, 힘들고 지칠 때도 계속해서 일하게 만드는 것이 무엇인가?"

ㅡ 게리 켈러, 제이 파파산, 『원 씽』

『원 씽』에 따르면 '빅 와이'는 내가 가야 할 목표이자, 나를 이끄는 동력이다. 또 그것은 망망대해 위에서 나침반이 되기도 했다.

그동안 새벽에 일어나 했던 일들을 되돌아보았다. 눈을 번쩍 뜨게 만드는 나만의 '빅 와이'가 무엇일지 생각해봤다. 아무리 생각해봐도 내게는 글쓰기밖에 없었다. 그 후 나의 새벽은 조금씩 정돈되어 갔다. 새벽에 일어나 가장 먼저 1시간씩 무엇이든 쓰다 보니 쓰고 싶은 주제가 생겼고, 1년 안에 책을 써보자는 구체적인 목표로 발전했다. 지금 이 시간에도 '5월 1일 원고 마감'이라는 데드라인을 향해 달려가고 있다.

거창한 게 아니어도 좋다. 나를 설레게 하는 '빅 와이'를 찾지 못했더라도 괜찮다. 새벽에 일어나 책 100권 읽기에 도전하거나, 긍정 확언 10가지를 큰 소리로 외치며 녹음하거나, 365일 달리기만 하는 사람도 있다. 한 가지에 집중해 꾸준히 하다 보면 어느새 기록으로 쌓이고 그 기록은 나만의 콘텐츠가 된다. 켜켜이 쌓인 콘텐츠가 특정한 무늬를 갖게 되면 그것이 곧 나의 브랜드가 되는 것이다.

시간 관리에 대한 강의를 듣거나 책을 읽다 보면 자주 인용되는 돌멩이 이야기가 있다.

한 수업시간에 선생님이 항아리를 가져와 주먹만 한 돌멩이로 가득 채웠다. 학생들에게 "이 항아리가 가득 찼는가?" 하고 물었다. 이어서 조그만 자갈 한 움큼을 돌멩이 사이에 넣어 항아리를 가득 채웠다. 또 다시 학생들에게 "이 항아리가 가득 찼는가?" 하고 물었다. 이번에는 돌멩이와 자갈 사이에 모래를 가득 채웠다. 학생들에게 같은 질문을 던진 후 마지막으로 물을 가득 채웠다.

선생님이 학생들에게 하고 싶었던 이야기는 무엇이었을까. 아무리 항아리가 돌멩이로 가득 차 있더라도 자갈과 모래, 물을 끊임없이 채워 넣을 수 있다는, '불가능은 없다'는 메시지를 던지고 싶어서였을까. 아니다. 선생님은 이렇게 말했다.

"만약 큰 돌을 먼저 넣지 않았더라면 이 모든 것을 전부 항아리에 넣을 수 있었을까요? 아마 영원히 넣지 못했을 것입니다. 여러분의 인생에서 큰 돌은 무엇인가요? 그것이 무엇이든 인생에서 가장 중요한 큰 돌을 항아리에 먼저 넣어야 합니다. 그것을 잊지 마세요."

새벽이라는 항아리도 마찬가지다. 우선순위가 무엇인지 생각하지 않고 아무것이나 쑤셔 넣으면 우리는 결코 항아리에 원하는 것을 담을 수 없다. 일의 우선순위를 정했다면 1순위를 먼저 담자. 그리고 남은 시간에 다음 순위의 일들을 하자.

나의 경우, 글쓰기를 1순위로 삼으면서 운동과 독서, 신문 읽기, 명상 등 다른 루틴들은 2순위로 밀려났다. 일어나자마자 글쓰기를 최우선으로 하고 남은 시간에 다른 것들을 했다. 글쓰기는 어떤 일이 있어도 꼭 해야 하는 것이지만 나머지는 '반드시 하지 않아도 되는 일'이 됐다. 선택과 집중을 분명히 하니 일의 효율성이 올라갔다. 어쩌다가 늦게 일어나는 날에도 글쓰기 하나만 하면 되니 마음의 부담이 덜했다.

이는 새벽뿐만 아니라, 하루 24시간을 계획할 때도 적용되는 법칙이다. 『성공하는 사람들의 7가지 습관』의 저자 스티븐 코비가 제시한 '시간관리 매트릭스'에 따르면 우리의 일은 중요함과 긴급함에 따라 네 가지로 나눌 수 있다.

A. 급하고 중요한 일 = 마감 시간이 정해진 일, 즉각적 대응이 필요한 시급한 일

B. 급하지 않지만 중요한 일 = 미래를 위해 준비 및 계획, 가치관 정립, 학습 및 자기계발

C. 급하지만 중요하지 않은 일 = 중요하지 않은 전화나 회의, 접객 등

D. 급하지도 중요하지도 않은 일 = 버리는 대기 및 이동시간, 잡담 등

여기 24시간이라는 항아리에 가장 먼저 담아야 하는 것은 급하고 중요한 A(자갈)가 아닌, 급하지 않지만 중요한 B(돌멩이)다. 그리고 급하지만 중요하지 않은 C(모래)를 담고 마지막으로

급하지도, 중요하지도 않은 D(물)를 담으면 된다. B 〉 A 〉 C 〉 D 가 우리가 취해야 할 일의 우선순위다.

그러니 성과도 내고 성장도 하려면 항아리에는 하루 일과 전 새벽 시간에 돌멩이(급하지 않지만 중요한 일)를 먼저 채워야 한다. 장기적인 비전을 세우고, 독서나 운동 등 자기계발을 해야 한다.

이 시간은 모든 알람을 꺼 놓고 어떤 것에도 방해받지 않는 나만의 시간으로 만들어야 한다. 회사에서도 리더가 되고 승진하려면 출근 후 이메일 체크는 잠시 미루고 업무시스템을 개발하거나 승진에 필요한 공부(영어나 컴퓨터 등)를 먼저 하는 것이 현명한 선택이다.

새벽에 일어나 명상하며 책을 읽고 운동을 하는 건 인생 항아리가 보다 알차게 채워지도록 돌멩이를 깔아 놓는 일이었다. 항상 시간에 쫓기면서도 시간만 낭비한다는 느낌이 들었던 건, 일에 우선순위를 두지 않은 채 닥치는 대로 마구 구겨 넣었기 때문이었다.

20년 가까이 마감 시간에 쫓기는 근무 환경에서 살다 보니 일종의 직업병이 생겼다. 대부분의 일을 마감 시간이 닥쳐야만 한다는 것이다. 처음에는 혹시라도 정해진 시간에 마감을 하지 못할까 기사를 미리 써 놓은 적도 있었다. 하지만 그날 어떤 일이 터질지 모르니 기사를 먼저 쓰는 게 점점 의미가 없었다. 이런 생활이 굳어지다 보니 마감을 몇 분 남겨두고 초인적인 집중력을 발휘해 일을 처리하는 것이 더 익숙해졌다.

늘 고질병이라고 생각했던 직업병에 대해 어느 날부터 다른 관점으로 생각해보기 시작했다. 마감 시간이 닥쳐야 집중해서 일을 하는 것이 과연 나쁜 것일까. 돌이켜보면 절박한 상황에서 몰두했을 때 일의 효율성이 더 높을 때가 많았다. 시간에 쫓겨서 절박하다 보니 평소에 생각하지 못했던 새로운 아이디어가 떠오를 때도 있었다. 마감 시간이 되어서야 몰아서 하는 것을 고치기보다 이러한 습성을 좋은 방향으로 활용해보기로 했다.

그때부터 미국 기업 구글에서 직원들이 업무 효율성 향상을 위해 사용한다는 '타임 타이머'를 구입해 책상 위에 놓고 사용했다. 원하는 시간을 맞추면 그만큼 빨간색 원반으로 표시되고, 시간이 흘러갈수록 빨간색이 사라지는 방식이다. 직관적이고 생생하게 시간이 줄어드는 걸 볼 수 있다. 타이머가 있을 때와 없을 때의 차이는 컸다. '이 일을 7시까지 해야겠다'와 '이 일을 하려면 30분밖에 안 남았다'는 마음가짐부터 차이가 났다. 빨간색이 손톱만큼 남아 있을 때면 정신이 번쩍 들며 어떠한 순간보

다 몰입해서 일을 하게 됐다.

타임 타이머는 1983년 잰 로저스라는 주부에 의해 발명되었다. 그의 네 살배기 딸이 "시간이 얼마나 남았냐?"고 자꾸 물어보자, 추상적인 시간을 시각적으로 보여주기 위해 이 타이머를 개발했다고 한다. 타이머는 아이들이 숙제를 하거나 영상을 볼 때도 유효했다. 아이들이 무엇을 하기 전 스스로 시간을 정해 타이머를 맞추도록 했다. 내가 정한 시간의 소중함을 알며 그 시간만큼은 자신이 정한 일에 집중할 수 있기를 바랐다. 꼭 타임 타이머가 아니더라도 생활 속에서 타이머를 잘 활용하면 줄줄 새는 시간들을 효율적으로 사용할 수 있을 거라 믿는다.

6

취침 전이
새벽 기상을 좌우한다

　새벽에 일어나기 시작해 한 달 정도는 언제 잠들었는지 모를 만큼 피곤했다. 취침 전 아이들과 책 읽는 게 유일한 습관이었는데, 졸다가 책을 떨어뜨리거나 잠꼬대를 하는 날이 많아졌다. 어떤 날에는 곯아떨어진 엄마를 다섯 살 딸아이가 흔들어 깨우기도 했다. 자기 전 첫째 아이와 수다를 떨다 자는 즐거움도 빼먹는 날이 점점 늘었다.

　새벽 기상을 위해 소중한 밤 시간이 희생당하는 기분이었다. 피곤하다는 이유로 아이들에게 짜증을 내기도 했다. 일찍 일어나야 한다는 부담감 때문에 아이들과의 저녁 시간을 서서히 포기하기 시작했다. 새벽에 일어나는 것은 어느 정도 적응했지만 저녁 시간을 어떻게 보낼지에 대해서는 연구가 필요했다.

잘 자는 만큼 잘 일어난다

밤은 새벽과 이어지는 시간이다. 그래서 어떤 기분으로 잠자리에 들었는지가 다음 날 새벽 기상의 상태를 좌우했다. 피곤해서 정신없이 잠들어버리면 다음 날에는 기상 후 한참 동안 멍한 기분이 들었다. 무엇을 해야 할지 생각하다가 어영부영 시간을 보냈다.

그래서 퇴근 후 잠들기까지 2~3시간을 소중하게 대해보기로 했다. 새벽이라는 공간의 먼지를 털고 제대로 쓰기 시작했으니 밤 공간에도 대청소가 필요했다. 새벽과 밤에 해야 하거나, 하고 싶은 일들을 나열한 후 이를 시간대별 특성에 맞게 재배치했다.

집에 와서 가장 먼저 하는 일은 '10분 청소'였다. 일주일에 한 번 대청소를 하기 때문에 평일 저녁에는 흐트러진 물건들을 제자리에 정리하고 먼지 위주로 바닥을 쓸었다. 하다 보니 매일 10분 청소만으로도 복잡했던 머릿속이 정리되는 기분이 들었다. 집을 청소하는 게 아닌 내 머릿속을 청소한다고 생각했다. 귀찮다는 핑계로 10분 청소를 생략하면 다음 날 새벽을 상쾌하게 시작하기 힘들었다. 10분 청소는 어떤 저녁 루틴보다 중요한 일과가 되어갔다.

따뜻한 물로 샤워한 후 편안한 잠옷으로 갈아입는 것도 빠지지 않는 루틴이 됐다. 시간(time), 장소(place), 상황(occasion)에 따라 옷차림을 달리하는 것이 기본 매너이듯, 밤 시간, 편안한 안방에서 입는 잠옷은 누군가를 위해서가 아닌 내가 나를 얼마나 배려하는지 보여줬다. 아무 옷이나 걸쳐 입고 자면 왠지 아무렇게 자도 될 것 같았다. 두께나 옷감, 디자인 등 여러 면에서 만족스러운 잠옷을 입고 자면 스스로를 소중히 대한다는 느낌이 들었다. 수면의 질을 높이는 데 도움이 되는 것은 물론이었다.

마지막으로 모든 준비를 마치면 잠잘 공간을 점검했다. 이불의 두께가 적당한지, 방 안의 온도와 습도가 알맞은지, 조명등을 켜고 수면 환경을 정비했다. 부자들이 중요한 루틴으로 꼽는 기상 직후 잠자리 정리만큼 취침 전 이부자리 정리도 중요하다. 하루의 시작만큼 하루의 끝도 중요하기 때문이다.

일찍 자야 일찍 일어난다

주위에서 일찍 일어나는 방법을 물어볼 때마다 나의 대답은 간단하다. 일찍 자면 된다. 남녀노소 예외 없이 적용되는 원리다. 아버지는 평생 동안 새벽 4시쯤 일어나셨는데 비결은 단 하나였다. 예전부터 밤 9시 뉴스를 보기 전에 주무셨다. 새벽 기상을 오랫동안 꾸준히 유지하려면 최소 5~6시간의 수면시간을 확보하는 게 좋은데, 그러기 위해 늦어도 밤 10시~11시에는 잠자리에 들어야 한다. 나의 경우 밤 10시 취침, 4~5시 기상을 목표로 하루 6시간 이상 수면을 유지하려 노력한다.

매일 규칙적인 취침, 기상 시간을 지키는 것은 어려운 일이다. 특히 나 같은 워킹맘의 경우 아이들의 숙제를 챙기다 취침 시간이 늦어지기 시작했다. 아이가 학령기에 접어들면서 엄마가 챙겨야 할 일이 많아졌기 때문이었다. 학교 숙제에 밀린 학습지도 풀어야 하고, 챙겨야 할 과목들도 많아졌다. 아이의 밀린 과제를 다 하고 자야겠다는 미련을 버리지 못하니 잠자리에 드는 시간은 야금야금 늦어졌다. 취침 시간은 물론 기상 시간이 늦어지면서 아이들은 내가 출근할 때도 잠들어 있는 경우가 많았다. 결단이 필요했다.

그때부터 과감히 '밤 10시 전 취침'을 1순위로 삼고 시간을 다시 설계하기 시작했다. 앞서 언급한 돌맹이의 법칙에 따라 반드시 해야 할 일은 새벽에 하도록 했다. 저녁에는 혼자서 할 수 있는 쉬운 과제 위주로 하도록 하고, 나머지 시간에는 놀거나 책을 읽게 했다. 대신 해야 할 학교 숙제나 학습지 과제는 새벽에 일어나서 함께 했다. 그렇게 하다 보니 그동안 밤늦은 시간까지 붙들고 있었던 여러 과제들이 반드시 필요한 것인지 생각해보게 됐다.

초등학교 자녀를 둔 주변의 워킹맘들은 안 그래도 퇴근 후 아이와 함께 보내는 시간이 적은데 일찍 자면 그 시간마저 줄어들까 걱정한다. 밤늦게까지 아이들과 시간을 보내는 것도 좋지만, 밤늦게 자면서 일찍 일어나는 것을 바라는 것은 욕심이다. 대신 새벽에 일찍 일어나 상쾌한 기분으로 다 함께 시간을 보내는 것이 하나의 대안이 될 수 있다.

하루를 정리하고 내일을 계획하라

잠자리에 누우면 잠들기 전까지 머릿속으로 하루를 되짚어본다. 일어나서 퇴근할 때까지 나는 무슨 일을 했고, 어떤 사람들을 만났고, 어떤 생각을 했는지 되돌아본다. 또 미처 끝내지 못했거나 놓쳤던 일이 무엇인지 생각한다. 마지막으로 아이들과 오늘 하루 감사했던 일을 꼽아 이야기를 나눈다.

하루에 대한 정리 없이 잠드는 것은 책을 읽고 마지막 장을 허겁지겁 덮어버린 것이나 마찬가지였다. 책을 읽고 나서 좋은 구절을 복기하고 곱씹지 않으면 내가 읽은 책의 내용이 무엇이 었는지, 인상 깊었던 구절이 무엇이었는지 좀처럼 생각이 나지 않는다. 비슷한 원리로 하루에 대한 정리 시간을 갖지 않으면 어제가 오늘 같고, 오늘이 내일 같은 비슷한 하루의 반복일 뿐이다.

새벽에 대한 계획도 정리만큼 중요했다. 하루를 되짚어 본 후 내일 새벽에 무엇을 할 것인지 대략적인 그림을 머릿속에 그린 채 잠에 들었다. 어느 주제로 글을 쓸 건지, 어떤 책을 읽을 건지, 어떤 운동을 하고 필요한 도구가 무엇인지, 아침 메뉴는 무엇으로 할지 미리 정해두면 새벽에 일어나 자연스럽게 그 일을 하면 된다. 초반에는 이 작업을 하지 않은 채로 잠에 들어, 일어나서도 무엇을 할지 몰라 허둥지둥 댔다. 아침에 일어나 물 한 잔 마시고, 약을 먹은 후 커피를 내리는 게 하나의 루틴이라면, 이 모든 것을 비슷한 동선에 배치하는 것도 허둥지둥하지 않을 수 있는 좋은 방법이다.

7

달라진 엄마의 시공간 :
나는 갓생산다!

닫혀 있던 새벽이라는 방

가상의 집에는 여러 개의 방이 있다. 구석진 곳의 방문은 오랫동안 닫혀 있었다. 사는 사람조차 저런 방이 있었나 할 정도로 죽은 공간이나 다름없었다. 버리긴 아깝고 쓰기 애매한 짐들이 어지럽게 방치되어 있다. 오랫동안 먼지로 가득 차 있다 보니 이제 아무도 그 방에 들어가지 않는다.

지난 10년, 새벽 시간은 내게 닫혀 있던 방이었다. 있는지조차 몰랐기 때문에 아깝다고 생각해본 적도 없었다. 대신 나는 나만의 시간을 다른 곳에서 찾고 있었다. 늘 시간이 부족했고 시간에 쫓겨서 살았다. 책을 읽고 싶은데 시간이 없었고 영화를 보고 싶어도 시간이 없었다. 애들과 놀아주는 시간에도 내 시간을 찾아 헤맸다. 왜 나만의 시간이 없을까. 왜 편하게 쉴 수 있는 시간이 없을까.

나는 시간에 쫓기던 사람이었다. 대학생 때 학비를 벌기 위해 학교신문사에서 일하고 과외 아르바이트를 병행했다. 대학 생활 내내 기사 마감으로 주말까지 마감 시간에 쫓겨 살았다. 아직도 생각난다. 수업이 끝나면 과외 시간에 늦지 않으려 버스 정류장까지 허겁지겁 뛰어다녔다. 과외를 하면서도 피곤이 몰려와 꾸벅꾸벅 조는 일이 많았다.

당시 나는 분주하게 사는 것이 잘 사는 것이라고 생각했다. 취업을 하고 결혼과 육아를 하면서도 그랬다. 매일 시간대별로 해야 할 일을 정하고 그것을 해치우기 바빴다. 그러다 번아웃이 오면 오랫동안 깊은 침체기를 보냈다.

결혼 후 아이를 낳으면서도 시간 빈곤자의 삶은 계속됐다. 아이들에게는 엄마와의 절대적인 시간이 필요했다. 육아는 양보다 질이라는 말은 실전에서 통하지 않았다. 아이들은 엄마와 살을 부대끼는 절대적인 시간이 필요했다. 그것이 충분히 채워지지 않으면 아이들은 어떤 식으로라도 부족함을 드러냈다.

그 부족함이 보일 때마다 워킹맘은 죄책감을 느낀다. 그러면서도 아이들과 보내는 잠깐의 시간에는 집중하지 못했다. 부족한 나만의 시간이 자꾸 생각났고 있는 시간마저 아이들에게 탈탈 털어주는 것 같았다. 나는 모성이 부족한가, 나는 못된 엄마인가라는 자책으로 이어졌다.

회사에서도 마찬가지였다. 마감에 쫓겨 업무에 집중하는 시간 외에는 시간을 흘려보냈다. 신문을 보거나 채팅으로 수다를 떨거나, 온라인 기사를 체크하는 것이 전부였다. 자꾸만 무엇이라도 해야 할 것 같은 생각에 이거 해볼까, 저거 해볼까 시도만

하다 포기했다.

어느새 포기만 하는 사람이 되어갔다. 어떤 시간에도 정박하지 못하고 시간 위를 둥둥 떠다니는 느낌이었다. 생각 없이 쓰다 보니 줄줄 새어가는 돈처럼 시간도 그랬다. 어디에 어떤 용도로 시간을 썼는지 기억조차 나지 않는데 시간은 자꾸만 부족했다.

연예인의 집 정리를 도와주는 TV 프로그램이 있었다. 집 정리에 어려움을 겪는 의뢰인들의 공통점은 공간을 효율적으로 쓰지 못한다는 점이었다.

또 공간의 용도가 분명하지 않았다. 작은 방이 침실인지, 컴퓨터방인지, 창고인지 몰랐다. 정리 컨설턴트가 하는 일은 먼저 집 안의 모든 물건을 꺼내 필요 없는 것을 정리한 후, 공간들에 제 역할을 부여하는 것이었다. 그리고 그에 맞는 이 물건들을 재배치하는 일이다. 나에게도 이렇게 두서없이 나열된 시간의 정리가 필요했다.

새벽 기상을 통해 나는 닫혀 있던 방문을 열고 그 방을 다시 쓰기 시작했다. 그리고 새벽에만 열리는 방으로 분명한 역할을 부여했다. 어지럽게 놓인 짐을 과감히 버리고 필요한 짐을 재배치했다. 마치 시간 개척자가 된 심정으로 오래 파묻혀 있던 새벽이라는 시간을 발굴했다.

무엇보다 이 시간만큼 나를 위한 것에 오롯이 집중했다. 독서와 운동으로 시작해 글쓰기까지 나의 성장을 위한 일들에 몰입했다. 출근시간 전 3시간 정도를 나를 위해서만 투자했다. 그렇게 하루를 꽉 채운 채로 시작하니 출근해서도 업무에 집중할 수 있었다. 일에 집중하지 않는 시간에는 독서대에 펼쳐 둔 책을 읽었다. 독서가 얼마나 중요한 일인지 알게 됐기에 퇴근길에도 책을 손에서 놓지 않았다. 퇴근 후에는 하루 종일 나를 기다리고 있는 아이들에 온전히 집중했다. 각각의 시간대별로 목적이 분명했기 때문에 그 목적에만 집중할 수 있었다. 과거의 내가 하루하루 견디고 버티는 느낌으로 시간을 흘려보냈다면, 이제야 비로소 시간에 쫓기지 않고 선박의 키를 조종한다는 느낌이 든다.

　시간뿐만 아니라 물리적 공간도 생겼다. 책을 읽거나 글을 쓸 수 있는 나만의 책상을 거실 한 켠에 놓았다. 아이들 책상이나 식탁 위를 전전했던 내게 '고정석'이 생긴 기분이었다. 새벽에 일어나면 여기서 대부분의 시간을 보낸다. 간단한 스트레칭과 글을 쓰다 보면 어느새 6시. 현관문 밖으로 신문이 배달되는 소리가 들린다. 일찍 일어난 아이들과 신문을 같이 읽고 이야기를 나누다 보면 출근 시간이 다가온다. 출근길 명상을 들으며 버스 정류장으로 향한다.

　남편과 함께 새벽 기상을 해오면서 새로운 목표도 생겼다. 이제까지 새벽을 통해 나만의 시간을 가지는 데 집중했다면 앞으로는 아이들도 새벽 기상의 기쁨을 조금씩 알아가도록 해주고 싶다. 어릴 적 새벽에 일어나는 아버지의 영향을 받았던 나처럼, 나의 아이들도 부모의 모습을 보면서 새벽을 일찍 열어 가기를 바란다. 그것만큼 부모가 자녀에게 물려줄 수 있는 귀중한 유산은 없다고 생각한다.

감각을 깨우는 나만의 의식을 만드세요. 저의 경우에는 커피를 내리는 것이 시각, 청각, 미각, 촉각, 후각 등 오감을 모두 깨우는 방법이었습니다. 원두를 가는 것부터 시작해 여과지에 거른 커피를 마시기까지 그 과정 자체가 즐거우니 아무리 피곤한 날이어도 눈이 번쩍 떠졌어요. 자신의 관심사를 반영해 생각만으로도 설레는 기상 의식을 만들면 새벽이 보다 즐거워집니다.

타이머를 켜세요. 남들보다 일찍 일어나 어렵게 확보한 이 시간을 보다 알차게 쓰고 싶다면 타이머를 준비하세요. 새벽에 일어나 잠깨고 어영부영하다 보면 시간이 생각보다 금방 갑니다. 가용할 수 있는 시간을 정해놓고 중요한 일부터 하나씩 해나가면 시간을 더 효율적으로 사용할 수 있습니다.

새벽 친구를 만들어 보세요. 자신의 의지력에 기대지 마세요. 시스템과 네트워킹의 힘은 생각보다 강력합니다. 새벽 기상을 하는 모임에 들어가서 뜻이 맞는 사람과 새벽 시간을 함께 보내세요. 줌(Zoom)을 통해서 서로 연결된 느낌이 든다면 새벽 기상에 보다 큰 책임감이 생깁니다.

목적 있는 새벽으로 만드세요. 작가가 되고 싶다는 분명한 목적이 정해졌더니 글쓰기를 위한 체력을 기르기 위해 운동을 하고 책을 읽는 등 모든 습관들이 질서 있게 정돈됐습니다. 이것저것 많이 해보는 것도 좋지만 하나의 분명한 '원씽'을 정하면 새벽 기상이 보다 의미 있어집니다.

소풍 효과를 활용해보세요. 소풍 가기 전날 내일 할 일을 생각하면서 설렜던 기억을 매일 밤에도 해보세요. 커피 도구를 미리 세팅하거나 읽고 싶은 책을 미리 준비해둡니다. 그래야 아침을 허겁지겁 시작하지 않을 수 있습니다.

매일 아침 눈뜨며 생각하자.

'오늘 아침 일어날 수 있으니 이 얼마나 행운인가.'

나는 살아 있고, 소중한 인생을 가졌으니

낭비하지 않을 것이다.

- 달라이 라마 -

2부

새벽으로 꿈을 꾸는 엄마들

1

사 남매와 함께 뛰면서 쓰레기 줍는 엄마
- '플로깅' 전도사 이자경 씨 -

새벽 시간은 오직 저만을 위한 시간이었고,
생각할 수 있는 유일한 시간이었어요.

블로그 : blog.naver.com/hoya486k

외국에서 한 무리의 사람들이 쓰레기봉투를 손에 쥐고 조깅

하는 영상은 몇 년 전까지 해외 토픽 감이었다. 조깅을 하면서

쓰레기를 줍는 운동인 플로깅은 이삭을 줍는다는 뜻인 스웨덴

어 '줍다(plocka upp)'와 '조깅하다(jogga)'를 합친 말이다. 나와 지구의 건강을 모두 챙길 수 있기 때문에 플로깅은 '세상에서 가장 아름다운 달리기'라고도 불린다.

플로깅은 몇 년 새 빠르게 대중화되었다. 소셜네트워크서비스(SNS)가 큰 몫을 했다. 해안가, 강변, 산을 비롯해 골목길, 공원, 학교 등 다양한 장소에서 쓰레기를 주우며 조깅하는 영상들이 전 세계에 퍼지고 공유됐다. 플로깅 캠페인에 참여하는 기업들이 많아지고 조깅하면서 쓰레기 줍는 데 최적화된 가방, 봉투 등 전용 상품이 등장하고 있다. 플로깅은 환경 보호뿐만 아니라 운동 자체의 효과도 커서, 한 번 상체를 숙여 쓰레기를 주울 때마다 스쿼트를 한 것과 같은 효과를 얻을 수 있다고 한다.

이자경 씨는 '플로깅'을 생활 속에서 직접 실천하는 사 남매의 엄마다. 매일 새벽 6시쯤 일어나 11살, 9살, 7살, 4살짜리 사 남매와 부부가 플로깅을 하고 있다. 2021년 출간된 책『나는 아름다워질 때까지 걷기로 했다』에는 여섯 가족이 플로깅을 하는 이야기가 담겨 있다.

몇 년 전 첫째와 놀이터에서 했던 쓰레기 던지기 놀이가 시작이었다. 아이와 함께 길가에 버려진 과자 봉지를 던져서 쓰레기통에 넣었다.

쓰레기 던지기 게임은 생각보다 재미있었다. 그때부터 길가에 버려진 쓰레기를 던져 쓰레기통에 '골인'시키는 게 하나의 놀이가 됐다. 아파트 놀이터에서 시작된 놀이는 재활용 분리수거장으로, 단지 전체로 점점 범위를 넓혀갔다.

도시의 삶을 정리하고 내려간 제주도에서 가족들은 '비치코밍'에 눈을 떴다. 비치코밍이란 해변을 빗질하듯이 쓰레기를 줍는 것을 말한다.

어느 날 바닷가에서 놀던 아이들이 다급하게 부르는 소리를 듣고 달려갔더니 갈매기가 밧줄을 먹고 있었다. 또 다른 날에는 파도에 휩쓸려 온 신발 한 짝을 아이들이 모래사장에서 발견했다.

그때부터 사 남매는 바다가 몰고 온 각종 부유물로 가득한 해변에서 쓰레기를 주웠다.

쓰레기 줍기 놀이가 바닷가로 이어졌듯이, 2년 동안의 제주살이 정리 후 정착한 경북 영천에서는 새로운 놀이가 시작됐다. 넷째를 낳고 30kg 넘게 불어난 몸무게를 빼기 위해서 그는 운동을 해보기로 결심했다. 이왕 뛰는 거 동네 한 바퀴 뛰면서 쓰레기를 주워 보면 어떨까 하는 생각이 머리를 스쳤다. 플로깅은 그렇게 시작됐다.

매일 1시간씩 여섯 가족이 함께 나가서 플로깅을 하니 어느새 예전의 몸무게로 돌아왔다. 동네에서 출발해 강 한 바퀴를 돌아 집으로 돌아오는 코스다. 몸은 자연스럽게 건강해졌다.

맨손과 비닐봉지 하나로 시작했던 플로깅도 제법 규모를 갖춰 나갔다. 요즘 사 남매와 부부는 전용 집게와 에코백을 들고 집을 나선다.

코로나19 이후부터 거리에는 버려진 쓰레기들이 많아지며 사 남매도 분주해졌다. 어떨 때는 뛰는 것보다 줍는 데 더 많은 시간을 보내기도 했다. 이전엔 담배꽁초나 커피 캔, 휴지를 주로 주었다면 코로나 이후 줍는 쓰레기의 종류가 많아지고 양도 늘었다. 가장 달라진 건 마스크와 종이컵 등 일회용품들이 많아졌다는 점이다.

"쓰레기를 주우면서 아이들이 계속 이야기해요. 이 사람은 오늘 김밥을 먹었구나, 커피를 마셨구나. 마치 범인이라도 찾듯이 쓰레기가 남긴 흔적을 읽고 있더라고요. 누군가 내가 버린 쓰레기를 볼 때도 그러지 않을까. 버릴 때도 흔적을 생각하는 사람이 되어야겠다 생각했어요."

버리고 비우니 보이는 것들

경북 영천은 가족이 시골에 살기로 한 후 제주에 이어 두 번째로 정착한 곳이다. 2010년 결혼한 부부는 부산에서 살다가 5년 후 제주 김녕으로 내려갔다. 그러면서 남편은 다니던 직장을 그만두었다. 자동차 부품 개발회사에 다녔던 남편은 회사에서 너무 많은 시간을 보냈다.

일 때문에 부부가 가장 중요하게 생각했던 아이들과의 시간을 포기할 순 없었다. 인생의 우선순위를 가족의 행복에 두었다면 그에 걸맞은 선택을 해야 했다. 무엇보다 그가 어릴 적부터 꿈꿔오던 전원생활을 실천하기 위해서라도 고민의 여지가 없었다.

"어릴 적부터 동경했던 삶이었어요. 할머니 집에서 눈 오는 날 포대기 타고, 산딸기 따먹던 추억을 어릴 적 내내 간직했어요. 다시 시골로 돌아가겠다는 꿈을 이루기 위해 남편을 5년 가까이 설득했죠."

누구나 꿈꾸는 전원생활이었지만 직장과 삶의 터전을 한꺼번에 바꾸는 결정은 누가 봐도 쉽지 않았다. 친구들과 가족 모두 "로또 복권이라도 당첨된 거냐?"고 물었다.

반면 그의 생각은 달랐다. "도시를 포기한 게 아니라 오랫동안 꿈꿔오던 시골을 선택한 것일 뿐이야."라고 말했다. 그것이 더 나은 삶, 가슴 뛰는 삶이라 생각했기 때문이었다.

"친정 엄마는 어릴 적부터 선택할 기회를 주셨어요. 피아노나 미술을 배우고 싶다고 하면 한 번도 안 된다는 말없이 그렇게 하도록 해주셨죠. 대신 선택한 것에는 무조건 책임을 지도록 했어요. '한번 배워봐라. 대신 그만두면 다시는 배울 수 없어.'라고 분명히 말씀해 주셨어요. 그래서 시골에 내려가기로 '선택'하고 나니 두렵기보단 설레는 마음이 더 컸어요."

제주에서의 2년은 꿈 같았다. 매일 바다와 함께하며 가족들과 좋은 추억을 쌓았다. 그리고 한 번도 해본 적 없던 서점을 열었다. 친환경 관련 책과 제로 웨이스트 상품들을 전시하고 판매했다.

바닷가 쓰레기를 줍는 것도 자연스럽게 간소한 삶으로 이어졌다. 물건을 버리는 것뿐만 아니라 어떤 물건을 사는 것 자체에 신중해졌다.

시골로 내려오기 전만 해도 퇴근길에 내일 입을 옷을 쇼핑하고 올 만큼 소비를 좋아했던 그였다. 한 달간 같은 옷을 입은 적이 없을 만큼 옷이 많았다.

주위 사람들이 다 들고 있는 '신상 백'을 나도 가지고 있어야 할 것 같았다. 하지만 퇴사 후 시골로 내려온 후부터는 가계의 부담을 줄이기 위해 뭐라도 해야 했다.

"쓰레기를 줍다 보니 쓰레기를 만들지 않는 가장 쉬운 방법은 간단하더라고요. 사지 않는 것이었어요."

간소한 삶의 노력은 진화를 거듭했다. 처음엔 내가 얼마나 불필요한 것을 사고 있는지 깨달았고 가계부를 쓰면서 지출액을 줄여 나갔다. 꾸준히 수입과 지출을 적으면서 어떤 것에 돈을 쓰고 있는 지 소비 패턴을 찾아갔다.

그 다음에는 안 쓰는 책과 옷을 하나씩 이웃들과 나누며 비우기 시작했다. 그 결과 제주에서 영천으로 내려갔을 때 남은 짐은 이삿짐 박스 네 개가 전부였다.

여섯 가족은 팔공산 자락이 펼쳐지는 경북 영천에서 자그마한 텃밭을 일구며 살고 있다. 시골 정착기와 플로깅을 주제로 그는 밤부터 새벽까지 글을 썼다. 사 남매와 함께 보낸 하루가 끝나면 밤 시간은 온전히 그녀만의 시간이었다. 어떤 날은 동이 틀 때까지 글을 쓰다 잠들었다.

하루 종일 육아와 살림을 한 탓인지 밤이 되면 늘 몽롱하고 피곤했다. 그렇다고 일찍 잠들자니 뭔가 억울했다. 딱히 무엇을 하겠다는 목표 없이 '이 시간만큼은 포기 못하겠다'는 아까운 마음이 더 컸다.

새벽 기상을 먼저 시작했던 남편이 새벽에 일어나는 게 어떻겠냐고 권유했을 때도 그는 화부터 냈다. 나만의 시간을 빼앗아 가는 기분이 들었기 때문이었다.

남편의 계속된 설득 끝에 그는 지난해 7월 1일부터 새벽 기상을 해보기로 했다. 첫날에는 제대로 할 수 있을까 하는 걱정 때문에 새벽 3시에 눈이 저절로 떠졌다.

생전 처음 새벽에 일어나보니 눈코 뜰 새 없이 바빴던 하루가 생각보다 길게 느껴졌다.

결혼 후 아이 넷을 낳고 기르는 게 전부인 줄 알았던 그에게 새로운 세상이 펼쳐진 기분이었다. 며칠 동안 새벽에 일어난 후 그는 남편에게 또 한 번 화를 냈다고 한다. 왜 더 일찍 새벽 기상을 권하지 않았냐고 말이다.

"늦게 자고 늦게 일어나다 보니 두통에 시달리는 일이 많았어요. 몸이 항상 개운하지 못했고 머리는 멍했죠. 그런데 새벽에 일어나니 활력을 찾은 기분이었어요. 새벽에 나를 위해 에너지를 충분히 쓰고 나니 아침에 일어난 아이들에게도 행복한 감정으로 대할 수 있었죠."

매일 새벽 4시 일어난 후 100일 정도 지나니 의미 있는 일을 해보고 싶었다. 평소 머릿속으로 생각만 했던 노자의 『도덕경』을 읽어보자고 마음먹은 것이다. 온라인 필사 모임을 신청하고 매일 새벽 30분씩 『도덕경』 구절을 적어 내려갔다. 쉬운 일은 아니었다.

한 구절 한 구절 뜻을 해석하고 이해하는 것 자체가 도전이었다. 하지만 직접 손으로 써보니 글을 곱씹으며 생각할 수 있는 힘이 길러졌다.

"새벽에 일어나보니 나만의 시간을 갖는다는 게 얼마나 소중한지 알겠더라고요. 매번 아이들을 위해 하루를 쓸 줄 알았지 나를 위한 시간을 갖는다는 건 생각도 못 했어요. 그 시간이 나를 얼마나 풍요롭게 하는지 알게 된 거죠."

무엇보다 새벽 기상의 큰 변화는 아이들에게 찾아왔다. 부모가 새벽에 책을 읽으니 아이들도 어느새 아침 일찍 일어나 책을 보거나 그림을 그렸다. 평소 머릿속으로 그려왔던 이상적인 가족의 모습이었다.

다섯가지 색깔은 사람의 눈을 멀게 한다.
다섯가지 소리는 사람의 귀를 들리지 않게 한다.
다섯가지 맛은 사람의 입맛을 상하게 한다.
왕과 제후가 말을 타고 사냥을 하는 것은 백성들의
마음을 미치게 만들고, 손에 넣기 어려운 재물은
사람의 욕심을 불러일으켜 궤도를 벗어나게 만든다.
그러한 까닭에 성인은 소박한 삶을 영위할 뿐
외면적인 사치와 욕심을 추구하지 않는다.
그러므로 사치와 물욕을 버리고 안빈낙도의 삶을 취한다.

＊오색 : 청색·적색·황색·흰색·검은색
오음 : 궁·상·각·치·우
오미 : 신맛·쓴맛·단맛·매운맛·짠맛

＊안빈낙도 安貧樂道
가난한 생활을 하면서도 편안한 마음으로 도를
즐겨 지키다.

2021년 7월 20일 (화) 오전 4:23

사 남매를 '언스쿨링'으로 키우는 엄마

현재 사 남매는 학교나 유치원 등 교육기관에 다니지 않는다.
첫째만 5개월 정도 유치원에 다녀봤을 뿐 부부는 아이들 전부를 '언스쿨링(Un-schooling)'으로 기르고 있다. 언스쿨링이란 아이들이 원하는 것을 원하는 시기에 배울 수 있게 선택권을 주는 것이다.

집에서 학교 중심의 교육을 부모가 대신해주는 홈스쿨링과는 조금 다른 개념이다. 배움의 장소나 방식뿐만 아니라 배움 자체를 아이가 주도하는 방식이다.

특별한 이유는 없었다. 부모가 퇴사와 시골행을 선택했듯이 자녀에게도 선택권을 주고 싶었다. 주입식 교육으로 자라온 부모 세대와 달리, 아이들은 자신이 하고 싶은 것을 마음대로 할 수 있게 날개를 달아주고 싶었다.

학교는 항상 열려 있는 곳이니 혹시라도 가고 싶다면 언제든 선택할 수 있게 하고 싶었다. 그는 이런 언스쿨링의 장점으로 '엄마가 행복한 것'을 꼽았다.

"주위에서 다들 그래요. 언스쿨링하면 엄마가 힘들지 않느냐고요. 저는 생각이 조금 달라요. 언스쿨링에서 부모의 역할은 선생님이 아니기 때문에 아이들의 물음에 일일이 답을 해줄 수 없어요. 그래서 아이들이 모르면 저도 같이 답을 찾고 배우려고 합니다. 때로는 스스로 방법을 찾은 아이들이 저에게 가르쳐줄 때도 많고요. 언스쿨링을 통해 더 많은 것을 배우는 것은 부모라고 생각해요."

플로깅도 그랬다. 처음부터 플로깅이라는 걸 해보겠다고 마음먹은 게 아니었다.

자신의 필요와 목적보다, 아이들이 발견한 놀이를 살려주다 보니 쓰레기 줍기 놀이가 됐고 바닷가의 쓰레기를 줍는 행동으로 이어졌다. 그리고 강을 한 바퀴 돌며 쓰레기를 줍는 플로깅으로 발전했다.

스티브 잡스의 말처럼 무수한 점들이 모여 선을 이뤘고, 그것을 훗날 되돌아보니 일정한 방향으로 이어졌던 것이다.

언스쿨링하며 하고 싶은 것을 선택하는 아이들

갓생사는 엄마들

엄마는 꿈이 뭐예요?

아이들은 '엄마는 꿈이 뭐예요?'라고 묻곤 했다. 그는 쉽사리
대답을 해줄 수 없었다. '나는 세상을 위해 무엇을 할 수 있을까'
고민하다가 문득 라디오에서 들었던 일본의 마을 이야기가 떠
올랐다. 한 건물에는 고아원이, 다른 건물에는 양로원이 있어
부모가 없는 아이들과 자식에게 버려진 어르신들이 서로를 보
듬고 돌보는 공간에 대한 이야기였다.

"텃밭을 가꾸다 보니 우리는 작은 곤충과 벌레에게도 도움을
받고 살고 있더라고요. 알게 모르게 그런 도움들 속에서 자연이
지금껏 유지되어온 게 아닐까 생각했죠. 내가 어떤 도움을 주느
냐는 중요하지 않아요. 그저 누군가를 도와줄 수 있다는 것 자
체에 행복을 느끼는 삶을 살고 싶어요."

'한국에도 그런 시설을 만들어보면 어떨까' 하는 생각이 점점
꿈으로 선명해지면서 그는 이제까지 해온 실천들을 제대로 해

보면 어떨까 하는 마음이 생겼다. 새벽에 일어나 글을 쓰는 것뿐만 아니라 강연을 통해 플로깅을 알리고 책 판매를 통해 얻은 인세도 기부했다. 요즘엔 새로운 책도 구상 중이다.

하지만 무엇보다 중요한 것은 매일 새벽에 일어나 아이들과 함께 지구의 한 모퉁이를 깨끗하게 치우는 것이다. 그의 책에는 이런 구절이 있다.

"끝까지 해내는 엄마, 아침을 힘차게 여는 엄마, 건강한 엄마, 환경을 생각하는 엄마, 그런 엄마로 기억되길 바라는 나의 플로깅은 오늘도 현재 진행형이다."

이자경 씨의 새벽 시간 활용법

새벽에는 다양한 걸 할 수 있지만 그 중에서도 한 가지를 정해 몰입하면 효과를 거둘 수 있습니다. 제게는 『도덕경』 필사가 그랬습니다. 평소 해보고 싶었지만, 감히 도전하지 못했던 어려운 과제였죠. 집중이 잘되는 새벽에 하니 꾸준히 할 수 있었습니다.

새벽을 잘 보내려면 전날 밤이 중요합니다. 새벽 시간의 마법을 알게 된 후부터 저녁이 되면 다음 날 새벽에 할 일을 미리 머리맡에 놓습니다. 읽을 책이나 필사할 문구들을 미리 준비합니다. 알람도 미리 맞춰 놓습니다. 생각만으로도 설레는 시간입니다.

부부가 함께, 아이와 함께 하면 더욱 즐겁습니다. 남편과 함께 새벽에 책을 읽으니 어느 새 아이들이 일찍 일어나 부모 곁에서 책을 읽기 시작했습니다. 책을 읽지 않더라도 저마다 할 일을 찾으며 새벽을 보내고 있습니다. 혼자서 보내는 새벽도 좋지만 가족과 함께 하는 새벽은 더욱 좋습니다.

타이탄들은 하루의 첫 60분이

얼마나 중요한지 목소리 높여 강조한다.

이 시간이 그 후의 12시간 이상을

결정한다는 것이다.

- 팀 페리스, 『타이탄의 도구들』

2

온라인 N잡러가 된 경력단절 엄마
- 전자책, 모임으로 부수입 창출한 신지선 씨 -

아이와 함께 잠들고, 아이보다 조금 일찍 일어나보세요.
하루가 충분히 상쾌해집니다.

블로그 : blog.naver.com/jsjoan
인스타 : @jsjoan_day, @joan_branding

서울 아파트 가격이 5년 만에 2배로 뛰었다. 2017년 3억 원대
였던 가격이 2022년 6억 원대를 기록했다. 자고 일어나면 아파
트가 1억 원씩 뛴다는 말은 우스갯소리가 아니었다. 영혼까지

대출을 끌어 모아 아파트를 사는 '영끌 매수', 자산 가격의 폭등으로 하루아침에 거지가 됐다는 뜻의 '벼락거지'라는 신조어가 뉴스에 자주 오르내렸다. 집을 살 만한 목돈이 없는 젊은 세대들은 코인 투자에 뛰어들었고, 주식 계좌 숫자가 인구 숫자보다 많은 6000만 좌를 기록했다.

초등학생 딸을 키우는 40대 주부 신지선 씨는 정신이 번쩍 들었다. 그는 가정에서 아이를 키우는 대한민국의 평범한 엄마였다. 누구보다 열심히 성실하게 살아왔다고 자신했다. 그런데 부동산을 포함한 자산 가격이 널뛰면서 뒤통수를 한 대 얻어맞은 기분이 들었다.

"이렇게 하루하루 열심히 사는 걸로는 안 되는 세상이 되었구나. '목적 없는 열심히'로는 안 되겠구나. 그런 생각이 들었어요. 엄마 아빠 세대는 부지런한 개미처럼 살면 행복할 수 있었지만 우리 세대는 그럴 수 없구나 생각했죠. 이 세상에서 아이를 키우려면 지금까지의 사고방식을 바꾸지 않으면 안 되겠다는 생각이 들었어요."

그는 돈에 대한 생각부터 바꾸기로 했다. 우선 '나는 누구보다 돈이 절실하게 필요한 사람'이라는 걸 인정했다. 그러기 위해서는 돈을 벌고 모으는 방식을 다시 설정해야 했다. 소박하게 알뜰하게 저축해서 내 집을 마련해보겠다는 계획을 접었다. 대신 다양한 재테크를 통해 자산을 불려 나가기로 했다. 무주택자로 전세를 사는 것이 아닌 투자를 위해 전세를 살기로 했다. 돈이 흘러넘치도록 부자는 아니어도 아이가 좋아하는 비싼 샤인머스캣을 언제든 사주고 싶었다. 그렇게 부의 기준과 목표를 재설정했다.

1시간만 일찍 일어나자

2021년 10월부터 뒤늦게 부동산 공부를 시작했다. 공부 모임에 들어가다 보니 책을 읽고 분석하려면 새벽에 일어날 수밖에 없었다. 누구보다 절박했고 절실한 목표가 있었기 때문에 새벽 기상은 어렵지 않았다. 알람을 2분 간격으로 예닐곱 개를 맞춰 새벽 기상이 몸에 배도록 했다.

매일 밤늦게까지 유튜브나 넷플릭스를 보며 잠들었던 그가 새벽에 일어나기 시작했다. 딸아이가 '엄마는 박사가 되려고 하느냐?'고 물을 정도로 일어나면 독서에 몰입했다. 책을 읽는 게 당장 돈이 되는 일은 아니지만, 무엇이 돈이 되는지를 알기 위해서는 책밖에 없었다.

그는 육아, 브랜딩, 재테크, 부동산 등 독서의 범위를 네 가지로 나눠 매일 서너 권의 책을 10장씩 읽어갔다. 한 권을 쭉 읽는 것보다 집중이 더 잘되었다. 그러다 좋은 글을 필사하고 그 필사한 것 가운데 꼭 기억할 만한 문구들을 다시 필사했다.

"필사는 마음을 다 잡는 효과가 있어요. 불안할 때, 일이 잘 풀리지 않을 때 좋은 문장을 발견하면 나도 이런 생각을 해볼 수 있지 않을까, 이런 글을 써볼 수 있지 않을까 생각이 들어요. 잔뜩 엉켜 있던 실타래가 풀어지는 느낌을 받으면서 답답함이 사라지죠."

새벽 기상은 아이와의 관계 개선에도 도움이 되었다. 아이를 재우고 내 시간을 보내기 위해 아이에게 빨리 자라고 재촉할 필요가 없었다. 대신 아이와 함께 푹 자고 새벽에 나를 채우니 더없이 행복한 마음으로 아이를 깨울 수 있었다. 그렇게 하루의 시작이 달라지니 생활이 변했다. 오랫동안 괴롭혔던 불면증이 사라지고 밤에는 곯아떨어져 푹 잘 수 있게 됐다.

"무엇보다 하루를 내가 하고 싶은 것을 하면서 시작하는 기분이 좋아요. 평소보다 하루 1시간만 일찍 일어나 하고 싶은 것을 해도 하루는 충분히 달라질 수 있습니다."

육아 전자책에서 일상툰까지

독서를 통해 '인풋'의 시간을 보내고 나니 뭔가를 쏟아내고 싶다는 생각이 들었다. 그렇게 시작한 것이 매일 새벽 글쓰기였다. 2020년 말부터 매일 새벽에 일어나 한 가지 주제로 글을 쓰기 시작했다. 처음에는 무엇을 써야 할지 갈피조차 잡히지 않았지만 일단 눈 감고 딱 500개만 매일 써보자고 생각했다. 책 리뷰나 강의 후기를 비롯해, 아이를 키우며 소소한 에피소드나 육아 팁 등 뭐든지 써 내려갔다. 그렇게 올린 글이 500개 정도 되자 엄마의 브랜딩과 자기계발이라는 콘텐츠의 방향이 어느 정도 정해졌다.

2021년 출간된 전자책 『말로 때리는 부모, 말로 멍드는 아이』는 매일 글쓰기의 결과물이다. 글을 쓰면서 자신을 돌아보게 됐고 그 중심에 육아가 있었다. 미숙아로 태어나 예민한 기질의 딸과 씨름하며 좌충우돌하고 깨달은 것만큼 값진 콘텐츠는 없었다.

"딸의 사회성 부족으로 2년 넘게 상담 치료도 받아보고, 답답한 마음에 보육교사 자격증까지 땄어요. 그러다 아이가 아닌 나에게 문제가 있다는 걸 깨달았죠. 아이와 나누는 대화를 기록해 봤더니 대화가 아닌 지시어로 채워져 있더라고요. 예민한 애랑 싸우고 말로 때렸던 일들을 자책하다 보니 부모의 말 습관을 고쳐주는 글을 써보면 어떨까 생각했어요."

그는 전자책을 쓰면서 오랫동안 잊고 지냈던 재능을 되살렸다. 전자책에 담았던 육아 에피소드를 일러스트로 그리기 시작했다. 대학에서 미술을 전공했지만 졸업 후 줄곧 마케팅과 기획 업무를 해온 탓에 그림에서 손을 놓은 지 20년이 넘었다. 쌀알 모양의 귀여운 모녀가 주인공인 일러스트는 모녀가 일상에서 겪는 소소한 에피소드를 잔잔하게 그리는 '일상툰'으로 발전했다. 내친 김에 그는 자신의 캐릭터를 이모티콘으로 만드는 것을 준비 중이다.

신지선 씨의 전자책

코로나 막장 드라마(온가족 확진)

육아 에피소드로 그리는 일상툰

『아이를 위한 하루 한 줄 인문학』의 글귀처럼 아이는 부모의 사랑에 이어 부모가 하는 말로 두 번 태어났다. 그도 마찬가지였다. 아이를 위한다는 핑계로 했던 숱한 잔소리들이 아이 마음속에 상처로 남게 될 줄 몰랐다.

나의 말 습관을 기록하다 보니 다른 부모들과 함께하며 아이와의 소통을 도와주면 어떨까 생각했다. 그렇게 첫 모임을 시작했다. '말랑해'라는 이름의 온라인 모임은 가족의 말 습관을 되돌아본 후 매일 각자 말 습관 기록 일기를 쓰는 방식으로 이뤄졌다. 매일 아이에게 어떤 말을 했는지 한 달간 기록하는 것만으로도 모임의 효과는 충분했다. 회원들은 결국 자신을 되돌아보게 만든 계기가 되었다며 고마워했다.

"한 아빠가 유독 기억에 남아요. 처음에는 형식적으로만 참여했던 분이셨는데 어느 날 자신의 아버지에게 학대당한 경험을 털어놓았어요. '나도 아버지에게 배운 대로 했을 뿐인데 그게 아이들에게 상처가 될 줄 몰랐다'고 말했죠. 그러다 모임이 끝날 무렵 아이가 아빠에게 수줍게 메시지를 썼다고 하더라고요. '이 모임이 누군가에게 도움이 될 수 있구나' 보람을 느꼈어요."

모임이 횟수를 거듭하면서 전자책도 내고 커리큘럼도 체계를 갖추기 시작했다. 참가비 명목으로 3만원 내외를 받으니 용돈 정도 벌고 싶었던 초반의 목표도 이뤄졌다. '나도 뭔가를 할 수 있는 사람이구나' 자신감을 얻었다. 무엇보다 큰 소득은 사람들이 무엇을 필요로 하는지 '수요'를 발견한 것이다.

'마케팅이라는 게 결국 사람들의 '니즈(needs)'를 읽는 것이잖아요. 10년 가까이 병원 마케팅 업무 경험을 쌓은 게 큰 도움이 됐어요. 사람들이 잘하는 것, 원하는 것을 끄집어내는 것을 나는 즐겁게 잘할 수 있구나, 깨달은 거죠.'

때마침 '1인 지식 창업' 시대가 열리고 있었다. 누군가는 '창직

(創職)'의 시대라고 표현했다. 출퇴근할 직장이라는 공간이 없어도 내가 가진 경험이나 지식을 밑천 삼아 얼마든지 돈을 벌 수 있었다.

심지어 실패의 경험이나 콤플렉스도 얼마든지 사업의 밑천이 될 수 있었다. 이런 경험을 블로그나 소셜네트워크서비스(SNS)에 써서 책을 내고, 강연과 유튜브 출연 등으로 수익을 거두는 1인 기업가들이 많아지고 있었다.

그는 자신을 비롯해 아이를 키우는 엄마만큼 1인 지식 창업에 유리한 사람은 없다는 생각이 들었다.

"말랑해 모임을 운영하다 보니 자신의 경험과 강점을 살려 이를 수익화하고 싶은 경력단절 엄마들이 많이 보였어요. 지금은 누구의 엄마로 육아에 전념하고 있지만, 다들 한때는 각자의 분야에서 일했던 경험이 있잖아요. 저도 그랬듯이, 이들도 처음부터 무엇을 해야 할지, 막막해하더라고요. 그분들을 도와주며 저도 함께 성장하고 싶었어요."

N잡러로 얻은 값진 수익

'생생 브랜딩 모임'은 사전 컨설팅을 통해 나만의 주제를 찾고, 글쓰기를 하며 자신만의 콘텐츠와 브랜딩을 만들어가는 모임이다. 그의 말대로 '사람들이 저마다 가지고 있는 보석'을 찾아주는 게 목적이었다. 회원들을 위해 새벽 5시부터 화상회의 애플리케이션인 줌(Zoom)에서 '새벽 독서실'을 열기도 했다.

주로 결혼과 출산으로 경력이 끊긴 엄마들이 모임을 찾아왔다. 다시 일을 통해 인생의 전환점을 맞이하고 싶은 사람들이 대부분이었다. 그런데 이들은 방법을 몰랐다. 그동안의 경험과 지식, 지혜들이 여기저기 널려 있는데 이 구슬들을 어떻게 하나로 꿰어야 할지 막막했다.

"자녀에게는 '꿈이 뭐야? 무엇을 좋아해?'라고 끊임없이 물으면서 정작 내가 좋아하는 것이 무엇인지, 무엇을 하고 살 건인지 물어보면 막막해하는 엄마들이 많아요. 자신만의 콘텐츠를 만들고 싶다면 자신이 누구인지를 깨닫는 것부터 시작해야 합니다."

한 엄마는 공대를 나와 심리학 대학원을 다녔는데 이것저것 중구난방으로 한 것 같아 앞으로 무엇을 해야 할지 모르겠다고 푸념했다. 그는 자신이 누구인지를 돌아보는 글을 써보자고 제 안하자 A4용지 10장짜리 분량으로 쓰면서 정말로 하고 싶은 게 무엇인지를 찾기 시작했다.

자신도 그랬다. 대학 4년 내내 배운 미술 전공을 겨우 집에서 아이와 그림 그리면서 써먹는 것 같아 속상한 적이 많았다. 대학 에선 미술을, 대학원에선 의료 경영을, 온라인 대학에서는 상담 심리를 전공했는데 대책 없이 공부한 것만 같았다. 하지만 일러 스트를 그리고, 자신의 글을 마케팅하고, 온라인 모임을 통해 다른 사람들의 브랜딩을 도우면서 이 경험들은 큰 도움이 되었다.

"전업주부로 살면서 남들처럼 뭘 해야만 할 것 같은 조바심이 많았어요. 이제는 내 안에 답이 있구나, 그런 생각이 들어요. 1 인 브랜딩 전문가인 김형환 멘토가 그런 말씀을 하더라고요. 곁 눈질 하지 말라고. 남들 하는 것에 휩쓸리지 않고, 내가 가장 잘 할 수 있는 일을 묵묵히 하라고요."

전자책 판매를 시작으로, 온라인 모임, 블로그로 광고 수익을 내는 애드포스트, 온라인 위탁 판매 등 그는 1년 남짓한 시간 동안 새벽에 일어나 다양한 분야에서 수익 내기에 도전했다. 자신의 집 거실 한 편에서 오직 끈기와 경험을 밑천 삼아 이뤄낸 일이었다. 전자책은 목표로 했던 50권을 훌쩍 넘어 판매됐고, 온라인 모임에도 50명 가까운 사람들이 참여했다.

다만 애드포스트나 온라인 위탁 판매에서는 큰 수익을 내진 못했다. 수익 자체도 소소했지만 그래도 괜찮았다. 내가 하고 싶은 일을 하면서 남을 돕고 돈까지 버는 방법을 배웠기 때문이다.

"조금씩 수익을 내다 보니 모임도 빨리 키우고 싶고 이것저것 일을 벌이고 싶을 때가 있었어요. 하지만 이 일을 오래하려면 기본을 지키는 게 가장 중요하더라고요. 돈보다는 밀도 있는 경험의 가치가 더 값진 것 같아요. 제가 원하는 방식으로 작은 성과를 매듭짓는 경험을 쌓아간다면 그때부턴 돈은 저절로 따라올 것이라 생각합니다."

새벽에 일어난 후 그가 꾸준히 하는 또 다른 루틴은 소원 쓰기다. 매년 자신이 하고 싶은 소원들을 정해 매일 손으로 적고 있다. 다양한 파이프라인(수익 창출)을 시도해보자는 지난해 소원은 썼던 대로 이루어졌고 올해 이모티콘에 도전해보자는 소원은 현재 도전 중이다. 5년 후 소원에는 이렇게 적혀 있다.

"N잡러의 수익으로 외벌이 남편 퇴사시키기."

그의 꿈이 꼭 이뤄지기를 바란다.

새벽 루틴 – 소원 쓰기

갓생사는 엄마들

신지선 씨의 새벽 시간 활용법

새벽 기상을 몸에 익히는 가장 빠른 방법은 알람을 2~3분 간격으로 설정하는 겁니다. 초반에 습관을 잡을 수 있는 가장 확실한 방법이기도 합니다. 자전거의 보조바퀴처럼 새벽에 일어나는 게 익숙해질 때까지 알람시계를 활용하세요.

온라인 새벽 친구를 만드세요. 누군가와 함께 하는 새벽만큼 강한 동기는 없습니다. 매일 정해진 시간에 온라인상에서 만나는 것만으로도 충분합니다. 그저 랜선으로 연결돼 있다는 기분만으로도 새벽은 더욱 풍요로워집니다.

새벽 기상에 높은 허들을 세우지 마세요. 해야 할 일을 명확히 정하고, 그 일을 이루기 위해 투자해야 할 시간을 예측해보세요. 그 시간만큼 조금만 일찍 일어나서 그 일을 해보세요. 몸에 익기 시작하면 조금씩 시간을 앞당기면 됩니다. 저의 경우에는 아이랑 같이 잠들고 아이보다 조금 일찍 일어납니다. 그것만으로도 하루 시작은 충분히 상쾌해집니다.

첫 번째 1시간은

하루의 방향키다.

- 할 엘로드, 『미라클 모닝』 -

3

새벽 첫차 타고 '임장' 다닌 주부
- 연 40번 임장으로 투자소득 올린 정민지 씨 -

새벽 기상은 안 좋은 습관의 고리를
끊어주는 발판이 되었어요.

블로그 : blog.naver.com/jee721

현장에 임한다는 뜻의 사전적 의미를 가진 '임장(臨場)'은 투자처와 주변의 교통, 상권, 학군 등을 직접 발로 뛰며 알아보는 것을 말한다.

최근 몇 년간 집값 상승기가 이어지면서 투자자뿐만 아니라 일반인도 임장을 다니기 시작했다. 자기계발 커뮤니티에도 임장을 인증하는 사진들이 꾸준히 올라왔다.

그 중에서 유독 눈에 띄는 사람이 있었다. 전남 여수에 거주하는 주부 정민지 씨는 매주 새벽 첫차를 타는 모습을 부지런히 찍어 올렸다.

지난해 3월부터 한 주 간격으로 올라온 정 씨의 임장 사진은 10개월간 무려 40번이나 이어졌다. 한 달에 한 번 정도 빼면 거의 매주 간 셈이었다. 한반도의 끝인 여수, 그것도 교통이 열악하기로 소문난 곳에서 강원도와 경북 일부 도시를 빼고 안 가본 도시가 없었다.

"하루 종일 정육점 하느라 고생하는 남편을 호강시켜 주고 싶다는 마음이 컸어요. 그 방법으로 부동산 투자로 번 2천만 원을 인출해 남편에게 '돈 싸대기'를 날려보겠다는 구체적 목표를 세웠습니다. 현금으로 주려는 이유는요? 돈의 기운을 손으로 전하고 싶었기 때문이에요."

잇따른 불행에 결심한 새벽 기상

2019년에는 좀처럼 일이 풀리지 않았다. 겪어본 적 없는 불행들이 자꾸 찾아왔다. 전셋집에 물이 새 이사를 가야 했는데 집주인이 전세금을 돌려주지 않았다. 시청 홈페이지에 글을 올리고 1인 시위를 할 생각까지 했다. 집 없는 설움이 이런 건가 싶어 덜컥 집을 계약했다. 알고 보니 처음부터 지어지지 않을 지역주택조합(지주택) 물건이었다. 모르고 당한 것 같아 부동산중개사 자격증 공부를 시작했다. 그런데 누수가 심한 집에 살다 보니 시험 며칠을 앞두고 폐렴이 왔다.

바닥을 친 상황에서 돌파구는 책밖에 없었다. 책에서는 모두들 아침 일찍 일어나라고 말했다. 아이들에게 책을 읽어주느라 밤늦게 자던 수면 패턴을 바꿔야 했다. 올빼미 생활이 익숙해져 쉽지 않았다. 그러다 어느 날 김미경 강사의 어머니가 자녀를 위해 매일 4시 일어나 새벽 기도를 했다는 이야기를 듣고 강한 울림을 받았다. 그때부터 '한번 해보자'는 생각이 들었다.

처음에는 5분씩, 10분씩 일찍 일어나기 시작해 청소, 설거지를 하거나, TV를 보기도 했다. 그러다 수영을 하고 필사를 시작했다. 춤을 추는 것부터 명상, 기도, 강의 듣기, 만보 걷기 등 새벽에 해볼 수 있는 것을 다 해봤다. 그렇게 새벽 시간이 몸에 익숙해지는 데까지 4년 가까이 걸렸다.

"주변에서는 '늙으면 어차피 아침잠이 없어질 텐데 폭삭 늙는다'고 걱정해요(웃음). 새벽 기상을 하지 않고도 하루를 잘 보낼 수 있는 사람들이 있지만, 저 같은 경우에는 새벽 기상이라는 규율 아래 자신을 두어야 마음이 편해지더라고요. 요즘에는 큰 욕심을 부리지 않고 5시 이후로 일어나요. 잘하는 것보다 오래, 꾸준히 하는 것이 더 중요하니까요."

"어머님 밭일하실 때 전 새벽에 일어나요"

중학생 때 아버지의 투병 생활로 집안 형편이 어려워졌다. 식구들을 위해 돈을 벌어야 했던 그는 실업계 고등학교에 진학했다. 다행히 고등학교 3학년 때 취업에 성공했지만 직장에서는 어리다는 이유로 번번이 무시당했다. 야간대라도 가라는 선생님의 권유로 열심히 공부해 4년제 대학에 합격했지만 공부보다 생계를 중시했던 엄마의 반대에 부딪혔다. 결국 전문대로 진학해 다시 취업전선에 나섰다.

"내면 아이가 받았던 상처가 꽤 오래 갔어요. 결혼 전까지 쉬지 않고 일을 하다 보니 나를 채우고 싶은 욕구가 더 컸던 것 같아요. 출산 후에도 다른 사람들과 어울리기보다 도서관으로 가서 책을 읽었어요. 동시에 화도 많았죠. 늘 소리 지르고 악쓰는 불량 엄마였으니까요."

하지만 새벽 기상을 통해 자신의 루틴을 잡아가며 마음이 편안해졌다. 나만의 시간을 보내면서 내면 아이는 점점 강해졌다. 어떤 상황에도 대처하고 나를 지킬 수 있는 힘이 생겼다. 시어머니가 밭일을 도와달라고 하실 때마다 스트레스를 받곤 했지만 언제부턴가 "어머니가 밭일하시는 것처럼 저도 새벽에 일어나 열심히 살아요."라고 되받아칠 수 있게 됐다. 엄마에 대한 서운함에서 시작된 깊은 갈등도 조금씩 피해갈 줄 아는 지혜가 생겼다.

그 전까지 자신을 짓눌렀던 어려움들을 이제는 마주보고 대응할 수 있게 된 것이다. 무엇보다 실수하거나 잘못했을 때 스스로에게 '괜찮아'라며 위로를 할 수 있게 됐다.

"몸과 마음이 건강해지고 스스로에게 자신감이 생겼어요. 새벽에 함께하는 친구들도 생겼고요. 여전히 못 하는 것도 많지만 그래도 '뭐 어때, 새벽에 하면 되지.'라는 생각을 해요. 그리고 새벽에 일어나면 가장 좋은 점은 꼭두새벽에 일어나 가게로 나가는 남편의 출근길을 배웅해줄 수 있다는 겁니다."

남편 위해 시작한 임장

고3 때부터 이른 직장 생활을 시작한 그는 결혼 후 더 이상 직장을 다니지 않았다. 남편이 대출을 싫어했기 때문에 가게에서 일해 얻은 수입을 차곡차곡 모아 그동안 빚진 것을 갚았다.

어릴 적부터 가장 노릇하며 힘들게 살았기에 그는 남편의 무게를 누구보다 잘 알았다. 그래서 할 수 있는 것을 해보자는 생각이 들었다. 경매를 공부하기 시작하며 부동산 투자에 눈을 떴고, 조금이라도 벌어 남편의 짐을 덜어주고 싶었다.

구체적인 목표를 세웠다. 1년간 부동산을 사고팔아 남편에게 현금 2천만 원을 주겠다는 약속이었다. 종이에 적고, 녹음파일로도 남겼다. 부동산 강의를 들으면서 함께 임장을 다닐 사람을 찾기 시작했다.

2021년 3월부터 부지런하게 임장을 다닌 끝에 그는 한 해에만 6건이 넘는 부동산 투자를 할 수 있었다. 이를 통해 거둔 투자 수익은 예상치의 3배가 넘었다. 은행에 가서 5만 원 권으로 400장을 뽑았다. 목표했던 2천만 원이었다. 일부는 새로 산 장지갑에 넣고 나머지는 묶음으로 뽑아 남편에게 '돈싸대기'를 날렸다.

가게를 비울 수 없어 가족여행을 가고 싶다는 남편의 바람은 이뤄지지 않았지만 그녀가 가장 큰 소득을 얻었다고 했다.

"결혼해서 돈 한 푼 벌어보지 못한 내가 뭔가를 해냈다는 자신감이 생겼어요."

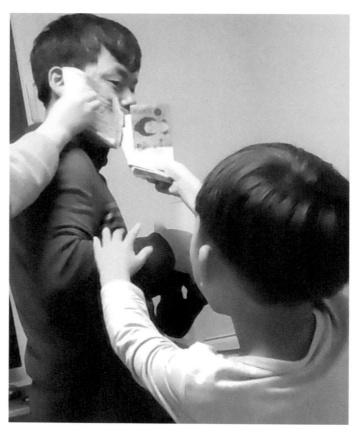

자신이 번 2천만 원을 현금으로 뽑아 남편에게 '돈싸대기'를 날렸던 날

임장을 하는 날에는 새벽 4시에 일어나 5시쯤 출발하는 첫 기차를 탔다. 기차역에서 렌트카를 빌려 임장 지역으로 갔다 주변 인근을 둘러본 후 부동산 다섯 곳 이상을 방문했다. 일정을 다 마치고 집에 도착하면 밤 11시가 넘었다.

"처음엔 부동산 사장님들이 해주는 이야기의 절반도 이해를 못 했어요. 가끔 임대인 임차인 용어가 헷갈렸고요(웃음). 부동산에서 사장님과 투자자들이 하는 얘기를 녹음해 집에 가서 다시 들으며 '복기'하기도 했죠. 그래도 포기하지 않았어요. 서너 번 다니다 보니 어느 정도 감이 생겼고 저만의 촉이 발동하더라고요."

어느 것 하나 빼어나게 잘하는 게 없다고 생각했던 그가 자신의 장점을 발견한 것도 임장을 통해서였다. 대구 재개발 지역을 돌아다녔을 때였다.

중개사 사장님이 끊임없이 찾아오는 투자자들에 지쳐 아무 말도 없이 앉아 있었다. 어떻게든 손님을 받지 않고 싶어 하는 눈치였다.

어떻게든 중개사에게 지역과 해당 단지에 대한 설명을 들어야 했던 그는 그동안 갈고 닦은 친화력을 동원해 사장님의 마음을 열었다.

평소 틈틈이 공부했던 관상 이야기를 꺼내며 사장님의 관심을 끌었다. 함께 다니던 사람들이 '어느 누구를 만나도 잘 대한다'며 인정할 정도가 됐다.

"어릴 적부터 친구들에게 저는 '손이 많이 가는 친구'였어요. 학창 시절에도 친구들이 머리도 묶어주고 비빔밥도 비벼줄 정도였죠. 그만큼 손재주가 타고나진 않았어요. 결혼하고 애를 낳는데 집안일이 좀처럼 늘지 않아 속상한 적도 많았죠. 대신 친구들이 진로 문제가 있으면 언제나 제게 와서 상담을 했어요. 임장을 하면서 나는 어떤 사람을 만나도 이야기를 편안하게 할

수 있다는 걸 알게 됐어요. 사람 대하는 기술이 있구나 깨닫게
된 거죠."

임장을 다니면서 투자의 기준도 점점 명확해지기 시작했다.
투자해야 하는 곳과 절대 하지 말아야 할 곳이 조금씩 보였다.

목포에 갔을 때 한 중개사가 그를 초보 투자자인 줄 알고 그
동안 잘 안 팔리던 매물을 권했다. 덥석 매수했다가는 나중에
매도하기 힘들겠다는 촉이 발동했다. '제대로 된 물건 안 주시
면 당장 나가겠다'고 당당하게 말했다.

그렇게 해서 생긴 그의 부동산 투자 원칙은 세 가지다.

첫째, 공동 투자는 하지 않는다.
둘째, 쫓기듯이 하는, '쫄리는 투자'는 하지 않는다.
셋째, 잘 모르면 투자하지 않는다.

매일 40분씩 '시부리기'의 힘

투자 공부를 시작하며 여러 명의 멘토가 생겼다. 그 중에 한 멘토는 이루고 싶은 목표나 꿈을 손바닥에 쓰곤 했다. 그도 따라서 매일 아침 한 문장씩 손바닥에 써오고 있다. 생각이 머릿속에만 맴돌 뿐 행동으로 이어지지 않을 때마다 이 방법은 정말 도움이 됐다고 한다.

일본의 거부(巨富) 사이토 히토리의 책 『부자의 행동습관』에도 마음속 주문을 손바닥에 쓰니 마음이 편안해진다는 구절이 있었다.

중졸이라는 학력으로 일본 갑부가 된 저자는 부자가 되려면 돈의 속성부터 파악해야 한다고 주장했다.

그에 따르면 '돈은 곧 에너지'이기 때문에 자신의 마음을 어떻게 쓰느냐에 따라 부자가 될지, 말지가 결정된다. 사이토 히토리는 운이 좋아지는 성공의 비결로 원하는 것을 천 번씩 외쳤다고 한다.

마인드스쿨 대표이자 『더 플러스』의 저자인 조성희 씨는 이를 '시부리기(경남 지방의 방언으로 말을 쓸데없이 함부로 자꾸 지껄인다는 뜻. 여기서는 바라는 것을 매일 1,000번씩 입으로 소리 내는 것을 뜻함)'라고 표현했다. 이 두 사람을 마음속의 멘토로 삼은 그는 임장을 다니면서도 시간을 재 놓고 40분 동안 '나는 운이 좋다'며 중얼거렸다. 집에서도 새벽에 빨래를 개키거나 청소를 하며 시부리기를 멈추지 않았다.

"투자에 있어서 실력만큼 운도 중요하다고 생각합니다. 그래서 나는 운이 좋다고 끊임없이 암시를 하는 작업이 정말 중요해요. 그렇게 생각하면 정신적으로 건강해집니다. 혹시라도 안 좋은 일이 생겨 마음이 힘들 때는 '감사합니다'라고 시부립니다. 감사를 만 번 외치면 모든 병이 낫는다는 말도 있잖아요. 그렇게 운이 좋다는 것을 소리로, 손바닥으로 촉각화, 청각화, 시각화하면 어느 순간 운이 좋아진다고 믿어요."

그는 20대에 종교에, 출산 후 30대에는 책 육아에 빠져들었다. 아이가 말을 더듬는 문제의 원인이 자신에게 있다는 것을 알게 된 후, 책 육아를 시작했다.

한때는 휴대전화를 정지시키고 아이들과 책 읽기에만 몰입한 적도 있다. 그만큼 한번 꽂히면 깊이 빠져드는 성격이었다.

40대를 앞두고 경제적 문제들이 찾아오자 그는 새벽 기상이라는 해법을 통해 풀어갔다. 특히 자신이 끈기를 가지고 할 수 있는 부동산 투자 공부를 하면서 몰랐던 자신의 능력을 발견했다.

투자를 위해 전국 방방곡곡을 누비며 하는 임장은 이제 무엇보다 자신이 잘할 수 있는 것이 되었다.

"예전에는 문제가 잘 풀리지 않으면 하루 종일 누워 있었어요. 새벽 기상은 제가 가졌던 안 좋은 습관의 고리를 끊어주는 발판이 되었어요. 요즘 오랫동안 만나온 지인들이 저 보러 '퀀 텀점프'했다고 해요. 그저 매일매일 새롭게 도전해보는 거죠. 매일 똑같이 사는 건 지겹잖아요."

　돈에 대한 생각도 예전과 비교해 많이 바뀌었다. 예전에는 뭔가를 사기 위해, 무언가가 되기 위해 돈을 벌고 싶었다면 지금은 거창한 게 아니어도 돈은 꼭 필요했다. 또한 돈에는 마음과 감정이 있다고 믿었다.
　좋은 마음을 먹으면 돈은 그런 사람에게 자연히 오게 된다고 생각했다.

　"돈은 제가 좋아할 수 있는 일을 하게 하는 원동력이에요. 작은 것이지만 주변을 챙기고 나누는 걸 참 좋아하거든요. 말로만 만나자고 하고 커피 한잔, 밥 한 끼 안 사는 것은 너무 삭막해요. 임장 가서도 좋은 거 있으면 망설이지 말고 사서 나눌 수 있는 게 좋아요.
　제가 좋아하는 주변 사람들을 챙기고 나누는 일을 하려면 제

게는 누구보다 돈이 필요해요. 그래서 부지런히 새벽에 일어나

임장을 가야 합니다."

정민지 씨의 새벽 시간 활용법

새벽에 일어나 휴대전화를 멀리하는 것을 철칙으로 삼습니다. 한때 유튜브 알고리즘에 빠져서 시간을 낭비한 적도 있었지만 지금은 새벽에 일어나면 책을 읽거나, 집안일, 운동 등 최대한 생산적인 일을 하려고 합니다.

새벽에 일어나면 졸려서 다시 눕게 된다는 사람들이 많습니다. 절대로, 잠자리로 다시 돌아가지 마세요. 대신 몸을 많이 움직이세요. 일어나자마자 수영장에 가거나 집 안 청소를 하는 등 몸을 움직이다 보면 새벽을 활기차게 보낼 수 있습니다. 새벽에 책 읽는 게 힘들다면 오디오북을 들으면서 다른 활동적인 일을 하는 것도 도움이 됩니다.

자기 전 '꼭 일어나게 해주세요'라고 기도합니다. 자기 전 새벽에 일어나는 나의 모습을 상상하며 기분 좋게 잠자리에 들려고 합니다. 화장대 거울처럼 잘 보이는 곳에 주간 단위 계획서를 붙여 놓고 다음 날 일어나 무엇을 할지 계획하는 것도 일어나는 데 도움이 됩니다.

하루를 개편하지 않고는 일상적 삶을 바꿀 수 없다.

하루의 10%를 지배하는 것으로부터 시작하자.

하루 속에서 잃어버린 2시간을 찾아내어 자신에게 돌려주자.

- 구본형, 『낯선 곳에서의 아침』 -

3부

갓생 사 는 엄마 들의 성공 루틴

1
- - -

생각 정리 루틴
- 정리 전문가 곤도 마리에 -

미니멀리즘과 정리 열풍이 불면서 일본인 정리 컨설턴트 곤도 마리에도 국내에서 널리 알려지기 시작했다. 다큐멘터리 〈설레지 않으면 버려라〉와 책 『인생이 빛나는 정리의 마법』을 통해 그는 구체적인 정리 비법을 알려주는 '정리 해결사'로 인기를 끌었다.

곤도 마리에의 정리 비법은 독특하다. 집 한 켠에 모든 짐을 다 꺼내 놓은 후 하나하나를 가슴에 얹고 설레는지 물어본다.

이러한 의식은 물건을 쉽게 사고 버리는 현대인에게 깊은 울림을 주었다. 그는 정리를 통해 스트레스를 줄이는 것뿐만 아니라 직장에서 일의 효율성을 높일 수 있다고 주장한다.

두 딸을 둔 엄마인 그는 아침 일찍 일어나 꾸준한 루틴을 유지하는 것으로 유명하다. 매일 아침 6시 딸들과 함께 일어나 신선한 공기가 들어오도록 창문을 모두 열고 향을 피운다. 하루 종일 집안을 편안하고 맑은 기운으로 가득 차게 하기 위한 그만의 의식적인 노력이다. 그는 "이러한 의식들로 아침을 시작하는 것이 나를 정상 궤도에 올려놓는다"고 말한다.

환기 후에는 감사 기도를 드린다. 그는 가족과 직원들의 건강을 감사 기도를 하면서 그날 할 수 있는 만큼 최선을 다하겠다는 다짐을 한다. 감사 기도를 마치면 그날 해야 할 일을 적는다. 세탁물을 접는 것부터 이메일 답장까지 모든 것을 목록화한다. 작업을 마칠 때마다 할 일 완료라는 뜻의 체크 표시를 보며 성취감을 느낀다.

그에 따르면 몇 주, 몇 달, 몇 년의 시간을 어떻게 보낼지 좌우하는 것은 오늘 하루의 생산성이다. 그래서 오늘 무엇에 우선순위를 두고, 무엇을 해야 할지 정하는 것이 중요하다. 생산성을 높이기 위해 그는 집에서도 작업복을 갖춰 입는다. 작업복이라고 해서 거창한 게 아니다. 그저 잠자리에서 편안하게 입는 옷이 아닌, 자신의 기분을 좋게 만들고 자신감을 심어주는 옷이면 된다.

그는 생각을 정리할 때 백지 한 장을 꺼내 마음속에 있는 모든 것을 적는다. 마음을 평화롭게 만드는 자신만의 방법이다. 얽히고설킨 감정이나 걱정, 불안 이유 등을 파악해 자신이 통제할 수 있는 문제와 그렇지 않은 문제를 명확히 구분 짓는다.

"아이들이 근무 시간에 늦게 일어날 때 화가 나곤 해요. 지금은 이것이 제 손아귀에서 벗어난다는 것을 이해합니다. 내가 통제할 수 없는 어떤 것이 있다는 것을 인식하는 것 자체가 나를 진정시키는 데 도움이 되죠."

정리의 여왕답게 그는 지쳤거나 긴장을 풀어야 할 때 모든 것을 잊고 바닥을 닦는다. 이것은 단순히 청소나 정리의 의미로 그치지 않는다. 손을 바쁘게 만드는 것이 마음이 고요함을 찾는 데 도움이 되기 때문이다. 상황을 통제할 수 없을 때, 자신이 통제할 수 있는 무언가를 한 가지라도 찾을 수 있다면 마음의 위안을 얻는 데 큰 도움이 된다.

2

감사 일기 루틴
- 방송인 오프라 윈프리 -

　세계에서 가장 영향력 있는 방송인으로 꼽히는 오프라 윈프리는 매일 아침 양치질을 한 후 반려견과 산책하면서 하루를 시작한다. 그러고 나서 카페인 에스프레소와 디카페인 에스프레소를 반반씩 섞어 우유와 헤이즐럿을 가미한 에스프레소를 만든다.

　커피를 마시면서 그는 각 장마다 유명한 격언이 적힌 '365장의 카드(365 Gathered Truths)' 가운데 5장을 뽑아서 읽는다. 좋은 문구를 소리 내 읽으며 삶의 의미를 되새기는 것이 그에게는 하루를 시작하는 아름다운 방법이다.

그에게 완벽한 하루는 한 가지 일에서 비롯되는 것이 아니다. 의미 있는 작은 일들의 연속이기 때문이다. 그래서 하루를 어떻게 시작하는지가 무엇보다 중요하다. 명상 후 이어지는 한 시간 운동과 달리기, 점심 후 오후 운동과 저녁 산책 등은 하루를 완벽하게 만드는 '작은 일들'이다.

그는 꾸준히 감사 일기를 써온 것으로 유명하다. 불우한 어린 시절, 14세에 낳은 아이를 잃고 삶의 나락으로 떨어졌을 때 다시 일으킨 원동력이 감사 일기였다. 매일 다섯 가지에 대한 감사 일기를 쓰면서 그는 두 가지를 배웠다고 한다. 인생에서 소중한 것이 무엇인지, 그리고 삶의 초점을 어디에 맞춰야 하는지를 말이다. 그는 '감사하는 것이야 말로 당신의 일상을 바꿀 수 있는 가장 빠르고 쉬우며 강력한 방법'이라고 확신했다. 감사 일기의 효과를 입증한 여러 실험에서도 감사 일기를 쓰면 행복지수는 물론, 수면의 질과 업무 성과가 높아진 것으로 나타났다.

오프라 윈프리의 감사 일기에는 원칙이 있다.

첫째, 한 줄이라도 좋으니 매일 써라.

둘째, 주변의 모든 일에 감사하라.

셋째, 무엇이 왜 감사한지를 구체적으로 써라.

넷째, 긍정문으로 써라.

다섯째, '때문에'가 아니라 '덕분에'로 써라.

그의 1996년 10월 12일자 감사 일기를 보면 이렇게 적혀 있다.

1. 나를 시원하게 감싸주는 부드러운 바람을 받으며 플로리다의 피셔 섬 주위를 달린 것.

2. 햇빛을 받으며 벤치에 앉아 차가운 멜론을 먹은 것.

3. 머리가 엄청나게 큰 남자와 소개팅을 한 일과 신이 나서 오랫동안 수다를 떤 것.

4. 콘에 담긴 셔벗, 너무나 달콤해서 손가락까지 핥아먹음.

5. 마야 안젤루가 새로 쓴 시를 전화로 들려주신 것.

— 오프라 윈프리, 『내가 확실히 아는 것들』

감사 일기는 거창하거나 어려운 게 아니다. 주변을 찬찬히 둘러보면 감사할 일은 언제 어디서나 존재한다.

3

습관의식 루틴
- 무용가 트와일라 타프 -

세계적인 안무가인 트와일라 타프는 영화 〈아마데우스〉, 〈백야〉 등의 안무를 만들었다. 2003년에는 빌리 조엘의 음악에 맞춰 안무한 〈무빙아웃〉으로 토니상을 수상했다. 평생 안무가로 일하며 세계 유명 발레단의 안무를 맡았고 자신의 무용단을 이끌면서 여러 작품을 선보였다. 일흔이 넘은 나이에도 꾸준한 작품 활동을 하고 있는 그의 웹사이트에 들어가보면 그에 대한 소개글은 이렇게 끝난다.

'오늘도 타프의 창작은 계속 됩니다.'

그는 습관에 대한 책을 쓴 베스트셀러 작가이기도 하다. 저서 『천재들의 창조적인 습관』에서 그는 자신이 새벽마다 치르는 하루 시작 의식에 대해 이렇게 소개한다.

"새벽 5시 30분에 일어나 연습복을 입고, 워머를 신고, 후드 티를 걸치고, 모자를 쓴다. 그러고는 집 밖으로 나와 택시를 불러 세우고, 운전사에게 퍼스트 애비뉴 91번가에 있는 범핑 아이런 헬스장으로 가자고 한다. 그곳에서 앞으로 2시간 동안 운동을 할 것이다. 내 의식은 매일 아침 헬스장에서 하는 스트레칭과 웨이트트레이닝이 아니다. 내 의식은 바로 택시다. 운전사에게 목적지를 말하는 순간, 내 의식은 끝난다."
─ 트와일라 타프, 『천재들의 창조적 습관』

당신이 정상에 오른 비결이 무엇인지 묻는 기자의 질문에 그는 "매일 5시 반 옐로우캡(택시) 문을 여는 것."이라고 답할 만큼 50년 가까이 이 의식을 유지했다.

매일 새벽에 일어나 지친 몸을 일으켜 헬스장으로 가는 일이

쉬운 사람은 없을 것이다. 그에게도 마찬가지였다. 하지만 그는 매일 기상 후 옷을 입고 택시를 부르는 일련의 과정을 자신만의 아침 의식으로 만들었다. 택시 문을 열고 택시운전사에게 목적지를 말한 순간, 헬스장으로 가서 운동하는 일은 무조건 해야만 하는 일이 되어버린다. 다른 생각을 할 겨를조차 없다. '내가 왜 이것을 하고 있지?'라는 의문을 갖는 일이 사라진다. 그저 할 뿐이다.

이렇게 단단히 쌓아올린 꾸준한 습관은 창조성의 원천이 되었다. 창조성이란 순간의 영감, 천재성에 의해 발현되는 것이라 생각하기 쉽지만 그의 생각은 다르다. 그는 상상하는 것을 세상에 내놓기 위해서는 일종의 기술이 필요한데 이런 기술을 타고 나는 사람은 없다고 주장했다. 그저 연습과 반복, 고통과 반성의 과정을 통해 발달하기 때문이다.

습관은 나무의 나이테와 같다. 어떤 습관을 얼마나 잘 수행하고 있는지 만큼 중요한 것은 매일 꾸준하게 작은 습관을 수행하는 것이다. 습관의 양이나 질보다 습관의 횟수가 더 중요하다. 그렇게 매일 켜켜이 쌓인 습관들이 모여 나만의 나이테를 완성한다.

소설가 김훈은 작업실 책상에 '필일오(必日五)'라고 적어둔 채 매일 원고지 5장을 반드시 쓰는 규칙을 세웠다. 무라카미 하루키 또한 하루 원고지 20매를 쓰는 규칙을 철저히 지키고 있다. 예술가의 영감의 원천은 특별한 곳에서 오는 게 아니다. 그저 정해진 습관을 빠지지 않고 매일 수행하는 것. 영감의 밭을 꾸준히 갈아엎다 보면 조금씩 공간이 생기고 거기서 창의성의 꽃이 피어날 수 있다.

4
- - -

운동&식단 루틴
- 〈보그〉 편집장 안나 윈투어 -

1998년부터 20년 넘게 미국 패션지 〈보그〉의 편집장을 맡고 있는 안나 윈투어는 패션과 미디어 업계에서 가장 영향력 있는 인물이다.

일반 대중에게는 메릴 스트립이 연기한 영화 〈악마는 프라다를 입는다〉의 실제 모델로 잘 알려져 있다. 뱅 스타일의 단발머리, 얼굴의 절반을 가리는 선글라스, 화려한 프린트 의상으로 대중의 관심을 받아왔기에 매일 밤 화려한 파티를 즐길 것 같지만 실상은 그렇지 않다. 자기 관리에 철저한 그는 어떤 파티에도 20분 이상 머무르지 않는 것을 철칙으로 삼는다.

그의 하루는 보통 새벽 4시에서 5시 반 사이 시작된다. 이를 위해 전날 밤 10시 15분경 잠자리에 든다. 6~7시간의 충분한 수면시간을 가진다.

일어난 후에는 세상이 돌아가는 것을 알기 위해 〈뉴욕타임스〉, 〈가디언〉 등 영미권 뉴스를 훑어보고 이것이 끝나면 테니스 연습장으로 향한다.

매일 6시부터 시작되는 2시간 정도의 테니스는 그의 오랜 루틴이자 건강 비결. 공복 상태에서 이뤄지는 아침 운동은 특히 체지방 다이어트에 도움이 된다. 체지방 분해를 도와주는 호르몬인 코티졸과 아드레날린이 더 많이 분비되기 때문이다.

그는 운동이 끝나면 스모크 연어와 스크램블 에그, 커피로 구성된 아침을 먹는다. 그리고 점심엔 스테이크와 샐러드, 혹은

빵이 없는 햄버거를 먹는다. 이렇게 고단백 식단을 유지함으로써 한결같은 몸매를 유지한다.

우선순위 루틴
- 영화제작자 셰리 랜싱 -

셰리 랜싱은 할리우드를 상징하는 여성 영화 제작자다. 영화
사 파라마운트를 맡아 영화 〈포레스트 검프〉, 〈브레이브하트〉,
〈타이타닉〉, 〈미션 임파서블〉 등을 제작했다. 1940년대 생의
고령에도 매일 3개 이상의 조간신문을 읽고 주 4회 운동을 하는
것으로 알려져 있다. 월요일과 수요일은 필라테스, 화요일과 목
요일에는 50분간 러닝머신 운동과 웨이트 트레이닝을 한다.

그는 어떤 일보다 운동에 우선순위를 부여한다. 어떤 업무를

마치고 나머지 시간에 운동을 하는 것이 아니라 운동 시간을 가장 중요한 시간대에 우선적으로 배치한다. 쉽게 말해 운동 시간을 먼저 떼어놓는 것이다.

바쁜 하루를 살아가는 현대인은 모든 것을 잘할 수 없다. 하고 있는 일과 해야만 하는 일, 하고 싶은 일에 둘러싸여 어떤 것에 힘을 주고 힘을 빼야 하는지 헷갈린다. 그럴 때 내게 필요하고 중요한 일을 선택해 가장 높은 우선순위를 둬야 한다. '괴짜 교수'로 유명한 이광형 카이스트 총장은 시간 관리의 가장 중요한 원칙으로 중요한 일, 잘해야 하는 일을 그 어떤 일보다 가장 먼저 처리했다. 그는 우선순위 높은 일을 NFT, 즉 대체 불가능한 업무(Non-Fungible Task)라고 표현하며 여기에 집중하라고 조언했다.

6

가족시간 루틴
- 메타 출신 기업인 셰릴 샌드버그 -

기업가 셰릴 샌드버그는 미국 재무부, 구글 부사장을 거쳐 2008년부터 2022년 퇴임할 때까지 메타(옛 페이스북) 최고운영책임자(COO)를 지냈다. 페이스북의 일등 공신으로 불리는 그는 2003년 출간한 책 『린 인(Lean in)』을 통해 워킹맘들에게 '적극적으로 기회에 달려들라'는 메시지를 던졌다.

그가 첫 번째 출산휴가를 썼을 때만 해도 일과 삶의 구분이 없었다. 수시로 이메일을 확인하고 집으로 직원들을 불러 회의를 했다. 심지어 회의를 하다가 모유 수유를 했다. 그렇게 3개월의 출산휴가가 끝나고 다시 출근하는 첫날, 그는 눈물이 났다. 이렇게 하루 12시간 꼬박 일하는 삶을 계속 해야 한다면 아들과의 시간은 포기할 수밖에 없었기 때문이다.

그때부터 오전 9시 출근, 오후 5시 반 퇴근을 철칙으로 삼았다. 줄어든 업무시간을 보충하기 위해 새벽 5시에 일어나 이메일을 체크했다. 또 중요한 가족과의 시간을 사수하기 위해 회사에서 보내는 1분 1초를 효율적으로 쓰기 시작했다. 회사에 남아 성과를 내야 한다는 마음을 억누르고 출장을 가지 않을 때는 5시 반 퇴근을 이를 악물고 지켰다. 아이들과 저녁식사 후 흔들의자에서 두 아이에게 책을 읽어주는 시간만큼은 포기할 수 없는 가치였기 때문이다.

절대적인 시간 빈곤자인 워킹맘들은 시간을 어디에 얼마나 써야 할지 늘 고민이다. 아이와의 시간을 절대 포기할 수 없다고 생각한다면 매일 정해진 시간만큼은 자녀를 위해 따로 떼어주자. 많은 시간을 할애하지 못해도 괜찮다. 매일 5분간의 잠자리 대화나, 한 권의 책을 같이 읽는 꾸준한 루틴을 만들어도 아이들과 평생을 지속할 추억을 만들 수 있다.

7

굿나잇 루틴
- 〈허핑턴 포스트〉 설립자 아리아나 허핑턴 -

뉴스 사이트 〈허핑턴 포스트〉의 공동 창립자인 아리아나 허핑턴은 두 아이를 키우면서 동시에 회사 운영까지 하는 슈퍼우먼이다. 하루에도 수십 통씩 쏟아지는 이메일과 각종 미팅에 허덕이다 어느 날 사무실에서 쓰러지게 된다. 원인은 급성 번아웃이었다.

갈비뼈가 부서지는 중상을 입고 난 후에야 진정한 삶의 변화를 이뤄내기 위해 수면을 출발점으로 삼기로 했다. 그는 『제3의 성공』이라는 책을 통해 돈과 권력 같은 기존의 성공 문법이 아닌, 웰빙, 지혜, 경이, 베풂 등이 제3의 성공 기준이 될 수 있다고 주장했다. 그는 〈허핑턴 포스트〉에서 물러나 2016년 '스라이브 글로벌'을 설립해 스트레스와 번아웃에서 벗어나기 위한 건강 콘텐츠를 제공하고 있다.

그는 책 『수명 혁명』을 통해 성공을 좌우하는 것의 중심에 수면이 있다고 주장한다. 바쁜 현대인에게 수면은 더 이상 누릴 수 없는 사치품이 되었지만 수면은 면역체계 향상과 체중 조절, 정신건강 등에 지대한 영향을 미친다. 잠을 잘 자는 것만큼 깨어 있는 나머지 하루에 큰 영향을 미치는 것은 없다.

따라서 하루를 제대로 시작하기 위해서는 전날 어떻게 잠드는지가 가장 중요하다. 이를 위해 그는 '자정 꿈나라 기차'에 탈 수 있도록 항상 밤 11시에 잠드는 것을 원칙으로 삼는다. 그리고 전자 기기를 모두 꺼서 침실 밖에 둔다. 그 다음 초를 켜놓고 입욕제인 앱섬솔트를 풀어놓은 욕조에 들어가 목욕을 즐긴다. 잠들기 전 위안을 받고 싶을 때는 캐모마일과 라벤더차를 한잔

마신다.

　이렇게 잘 자고 난 후 그는 아침에 일어나 '무엇을 하는 것'이 아닌, '하지 않는 것'에 초점을 맞춘다. 그 중 하나는 눈뜨자마자 휴대전화를 보면서 하루를 시작하지 않는 것이다. 일어나는 데 알람을 사용하지 않는 것도 그만의 아침 루틴이다. 정신이 들면 1분간 심호흡을 하고 감사하는 마음을 품는다.

성공한 엄마들의 갓생 루틴

생각을 정리하고 통제할 수 있는 나만의 방법을 만드세요. 명상, 청소, 환기하기, 산책 등 무엇이든 좋습니다. 세상에는 뜻대로 되지 않는 게 너무 많습니다. 그럴 때마다 당장 내 손으로 할 수 있는 것을 찾아 해보세요. 마음의 위안을 얻는 데 도움이 됩니다.

매일 감사 일기를 쓰세요. 감사 일기를 꾸준히 쓰면 행복지수와 업무성과, 수면의 질이 높아지는 효과가 있습니다. 주변을 둘러보며 감사할 만한 일을 떠올려보세요. 감사 일기를 쓰다 보면 유난히 맑은 하늘, 아이들의 웃음소리 등 당연하게 지나쳤던 일들이 감사한 일이 됩니다.

루틴을 할 수밖에 없는 환경을 만드세요. 헬스장에 꼭 가야 한다면 '눈 뜨자마자 택시 부르기', 일찍 일어나고 싶다면 기상 후 바로 커피를 마실 수 있게 전날 커피를 먼저 갈아놓기 등 습관을 강제하는 장치를 두세요. 인간의 의지력은 생각보다 강하지 않습니다. 환경을 어떻게 설계하느냐에 따라 의지력도 제대로 발휘될 수 있습니다.

나만의 운동과 식단을 만드세요. 자신의 몸과 체질, 시간에 맞는 운동과 식단을 설계하세요. 거창한 게 아니어도 좋습니다. 매일 헬스장에서 2시간의 근육 운동을 하지 않아도 매일 10분씩 달리기, 10번의 팔 굽혀 펴기를 꾸준히 오래오래 하면 건강을 유지할 수 있습니다.

충분한 수면을 취하세요. 잘 일어나기 위해서는 잘 자야 합니다. 수면시간을 고정해두고 자기 전 잠자리를 편안하게 해줄 환경을 조성하세요. 휴대전화는 거실에 두고, 조명은 어둡게, 몸을 이완해주는 목욕과 따뜻한 차는 숙면에 도움이 됩니다.

새로운 하루, 또 한 번의 기회,

마법같은 일이 펼쳐질 수 있는

아침을 기다리는 일은 늘 즐겁다.

- J.B. 프리스틀리 -

누구에게나 새벽이 필요한 순간이 온다

새벽 기상을 하기로 마음먹은 후 하루도 빠짐없이 벌떡벌떡 일어났다면 그건 거짓말일 것이다. 새벽 기상이 몸에 무르익었다고 생각할 무렵, 고비가 찾아왔다. 온몸이 무기력해지고, 머릿속에서는 '불멍(불을 보며 멍하니 있는 것)'하고 싶다는 생각이 간절했다. 그만큼 격렬하게 아무것도 하고 싶지 않았다.

캠핑장에서 거침없이 타오르는 장작을 보면서 그런 생각이 들었다. 그동안 너무 활활 태우기만 했구나. 새벽에 일어나서 책 쓰랴, 회사에서는 12시간 동안 자리에 앉아 뉴스 만들랴, 집에 와서는 아이들 숙제 챙기랴, 앞뒤 없이 불태우기만 했더니 장작이 거덜 난 줄도 몰랐던 것이다. 더 이상 태울 장작도 남아 있지 않으니 꺼져가는 불꽃을 하염없이 바라볼 수밖에 없었다.

그 후로 흔히 말하는 '열정 비수기', 슬럼프가 찾아왔다. 새벽
에 익숙해진 줄 알았던 몸이 예전으로 돌아가는 건 한순간이었
다. 기껏 공들여 쌓은 모래성이 한 차례 파도에 밀려 사라지는
것처럼 허망했다. 손에서 책을 놓은 대신, 휴대전화로 넷플릭스
를 보기 시작했고, 운동을 빼먹는 날이 늘었다. 다시 집에 오자
마자 잠들었고 무한한 잠의 세계로 빠져들었다.

갑자기 부끄러움이 밀려오기 시작했다.

주위 사람들에게 새벽 기상 전도사처럼 굴었던 일, 밤늦게 자
는 워킹맘 친구에게 인생을 바꿀 유일한 해답은 새벽밖에 없다
며 자신했던 일, 부지런히 근육을 키워 올 연말에 바디 프로필
에 도전하겠다고 남편에게 호언장담했던 일 등등.

하지만 한번 깨어났던 온몸의 세포는 쉽게 죽지 않았다. 한

차례 열정 가뭄을 겪고 나니 다시 몸이 근질거리기 시작했다. 새벽에 눈이 떠졌고 다시 운동화 끈을 조여 맸다. 읽은 책 한 줄이 열정을 지펴줄 장작이 되었고, 새벽에 내리는 커피는 어느 때보다 훌륭한 에너지의 원천이었다.

한두 차례 슬럼프를 겪고 나니 이 책이 독자에게 어떻게 다가갈지 새삼 궁금해진다. 하루를 불태웠을 엄마들에게 새벽에 일어나 자신만의 시간을 보내라는 것이 얼마나 와닿을 수 있을까. 지금도 온 힘을 다해 살고 있는 엄마들에게 없는 시간을 쪼개 쓰라고 독촉하는 것 같아 고민이 많았다. 안 그래도 절벽 위를 위태롭게 걷는 엄마들에게 자꾸만 등을 떠미는 게 아닐까 조심스러웠다.

주위 엄마들에게 새벽 기상이 좋다고 이야기하면 "더 이상 에너지가 남아 있지 않다.", "이제는 쉬고 싶다.", "그렇게 열심히 살아서 뭐하나."라는 반응들이 많았다. 그 반응이 비로소 이해가 된다.

그럼에도 불구하고 이 책이 필요한 사람들은 분명히 있을 것이라 믿는다. 누구에게나 새벽이 필요한 순간은 찾아오기 때문이다. 나만의 시간을 조금이라도 가지고 싶다는 생각에, 경력단절여성으로 살 수는 없다는 절박함에, 힘들게 일하는 남편의 고생을 덜어주고 싶다는 마음에, 이 책의 엄마들은 새벽을 열심히 두드려 이 시간을 개척했다. 나 또한 그랬다. 경주마처럼 앞만 보고 달리던 어느 날, 열심히 뛴 것 같았는데 자꾸 제자리로 돌아왔고 작은 돌부리에도 자꾸 넘어지기 시작했다.

처음 해본 모닥불놀이에 쉴 새 없이 장작만 던지던 나를 보고 캠핑장 사장님이 이런 이야기를 했다.

"에휴, 손님. 그렇게 하면 불이 붙질 않아요. 우물 정(井) 자로 장작을 쌓아야 불길이 잘 붙고 오래 가지. 요령이 중요해요. 요령이."

이 책은 나를 비롯한 엄마들이 새벽을 통해 어떻게 자신의 시간과 꿈을 되찾았는지 그 과정과 요령을 다룬 책이다. 엄마들

역시 처음에는 힘들고 서툴렀다. 하지만 '이렇게 살 수는 없다'는 절박함과 의지로, 새벽이란 시공간을 자신의 꿈을 되찾는 무기로 만들어냈다.

이 책에 담긴 새벽 기상의 비법은 어렵거나 초인적인 의지를 발휘해야 하는 것은 아니다. 생각의 방향을 조금만 틀어도 된다. 시간의 축을 조금씩 당기면 새벽이 하루의 시작이자 중심이 된다. 밤늦게까지 육아에 시달리다 또 일찍 일어나는 게 아닌, 조금 일찍 자고 조금 일찍 일어나 보자는 것이다. 시간을 쪼개 쓰는 것이 아닌, 있는 줄도 모른 채 잊혀진 시간을 되찾는 것이다. 그러니 새벽 기상이 거창하고 어려울 거라 생각했다면 이 책을 읽고 조금이나마 마음의 장벽이 허물어졌으면 좋겠다.

'dawn'이라는 영어 단어에는 '밝다, 시작되다'라는 뜻 말고도 '분명해지다, 이해되기 시작하다'라는 또 다른 뜻이 있다. 그렇다. 새벽에는 공기를 바꾸는 묘한 기운이 있다. 어둑한 밤의 기운이 조금씩 옅어지면서 해가 떠오르기 시작할 때, 흐릿했던 것이 분명해지고, 힘들었던 어제가 다시 새로운 오늘로 리셋된다. 누구에게나 공평히 주어진 이 새벽은 '누구나 일어나 쓸 수 있지만, 아무나 즐길 수는 없다.' 그러니 지금의 어려움을 해결하고 싶은 용기와 의지만 있다면 오늘 당장 '이불킥'을 해보길 바란다.

새벽의 문을 열어준 남편, 새벽 기상의 이유가 된 율과 은, 새벽 기상의 롤 모델 아빠, 든든한 지원군 엄마, 송이와 수정 선배를 비롯해 새벽을 응원해준 친구들과 선후배, 가족과 지인들, 그리고 자신의 새벽 이야기를 기꺼이 전해주고 책에 실을 수 있게 허락해 준 '갓생맘'들, 이 책이 나오기까지 애쓰신 미다스북스에게 감사드립니다.

일주일 새벽을 기록하는 타임 플래너

일주일 168시간을 어떻게 사용했는지를 기록합니다. 개인(습관, 취미, 약속 등), 업무, 가정 등 성격에 따라 색깔을 달리해 일주일 168시간을 어떻게 썼는지 기록하세요.

이번 주 할일		월	화	수	목	금	토	일
								168 time planner

이번 주 할일		월	화	수	목	금	토	일
	4시	명상/확언 쓰기						
	5시	독서/글쓰기	운동	독서/글쓰기	운동	독서/글쓰기	등산	독서
	6시							
	7시	등원					아침	아침
	8시	업무					학원 라이딩	집안 일
	9시							
□ 책 블로그 포스팅	10시							
	11시							
□ 원고 2-3 마감	12시						가족 시간	가족 시간
	13시							
□ 학원 보강 예약	14시							
	15시							
□ 어버이날 가족 모임	16시							
	17시							
□ 건강검진 준비	18시							
	19시							
	20시	취침 준비	취침 준비	취침 준비	취침 준비	취침 준비	취침 준비	취침 준비
	21시							
	22시							
	23시							
	24시							

한 주 평가	체크 리스트	□ 보육료 결제 □ 병원 예약 확인 □ 원고 두 단락 퇴고
개인 19시간 업무 60시간 가정 45시간 수면 44시간 총 168시간	감사 일기	− 어린이집 선생님 감사합니다 − 혼자서 숙제한 아들 감사합니다 − 맛있는 반찬 해준 엄마 고마워요

168 time planner								
이번 주 할일		월	화	수	목	금	토	일
	4시							
	5시							
	6시							
	7시							
	8시							
	9시							
	10시							
	11시							
	12시							
	13시							
	14시							
	15시							
	16시							
	17시							
	18시							
	19시							
	20시							
	21시							
	22시							
	23시							
	24시							
한 주 평가	체크 리스트							
	감사 일기							

168 time planner								
이번 주 할일		월	화	수	목	금	토	일
	4시							
	5시							
	6시							
	7시							
	8시							
	9시							
	10시							
	11시							
	12시							
	13시							
	14시							
	15시							
	16시							
	17시							
	18시							
	19시							
	20시							
	21시							
	22시							
	23시							
	24시							
한 주 평가	체크 리스트							
	감사 일기							

한 달의 새벽을 쌓아가는 해빗 트래커

매일 꾸준히 할 수 있는 습관을 정해 30일 동안 체크합니다.

한 달이 끝나면 달성률 란에 얼마나 성공했는지 기록합니다.

	새벽 기상	체중 재기	스트레칭	플랭크	확언 쓰기		
					30 days habit tracker		
1	○	○					
2	○	○					
3	○	○					
4	○	×					
5	○	○					
6	×	○					
7	○	×					
8	○	○					
9	○	○					
10	○	○					
11	○	○					
12	○	○					
13	×	×					
14	○	○					
15	×	○					
16	○	○					
17							
18							
19							
20							
21							
22							
23							
24							
25							
26							
27							
28							
29							
30							
31							

30 days habit tracker

	새벽 기상						
1							
2							
3							
4							
5							
6							
7							
8							
9							
10							
11							
12							
13							
14							
15							
16							
17							
18							
19							
20							
21							
22							
23							
24							
25							
26							
27							
28							
29							
30							
31							

	새벽 기상						

30 days habit tracker

	새벽 기상						
1							
2							
3							
4							
5							
6							
7							
8							
9							
10							
11							
12							
13							
14							
15							
16							
17							
18							
19							
20							
21							
22							
23							
24							
25							
26							
27							
28							
29							
30							
31							

참고 도서 및 자료 출처

– 아리아나 허핑턴, 『수면 혁명』

– 셰릴 샌드버그, 『린 인』

– 벤자민 스폴, 마이클 잰더, 『성공한 사람들의 기상 후 1시간』

– 게리 켈러, 제이 파파산, 『원 씽』

– 오프라 윈프리, 『내가 확실히 아는 것들』

– 트와일라 타프, 『천재들의 창조적 습관』

– https://konmari.com

– https://www.harpersbazaar.com, "A Day In the Life of Oprah"

– https://www.twylatharp.org/bio

– https://medium.com/dailyroutines-ofsuccessful-people/anna-
wintour-dailyroutine-9fe63ba426e

– https://mymorningroutine.com